Lernkrimi Deutsch

Tatort St. Pauli

Story: Anemone Fesl
Übungen: Dr. Ingrid Schleicher

Compact Verlag

Bisher sind in dieser Reihe erschienen:
- Englisch, Französisch, Italienisch, Spanisch, Deutsch: A2

In der Reihe Compact Lernkrimi sind erschienen:
- Englisch, Französisch, Italienisch, Spanisch: B1, B2
- Englisch GB/US, Business English: B1, B2
- Deutsch: B1
- Sammelband Lernkrimi Englisch, Spanisch: B1/B2

In der Reihe Compact Lernkrimi History sind erschienen:
- Englisch: B1, B2
- Italienisch: B1

In der Reihe Compact Lernthriller sind erschienen:
- Englisch: B1, B2
- Spanisch: B1

In der Reihe Compact Lernstory Mystery sind erschienen:
- Englisch: B1, B2

In der Reihe Compact Lernkrimi Hörbuch sind erschienen:
- Englisch: B1, B2, Business English: B2
- Französisch, Italienisch, Spanisch: B1

In der Reihe Compact Lernkrimi Audio-Learning sind erschienen:
- Englisch: A2, B1

In der Reihe Lernkrimi Sprachkurs sind erschienen:
- Englisch: A1/A2

Lernziele:
- Grundwortschatz, Grammatik (A2, B1)
- Aufbauwortschatz, Konversation (B2)

In der Reihe Compact Schüler-Lernkrimi sind erschienen:
- Englisch, Französisch, Spanisch, Latein, Deutsch, Mathematik, Physik, Chemie

Weitere Titel sind in Vorbereitung.

Chefredaktion: Dr. Angela Sendlinger
Redaktion: Anke Fischer
Fachredaktion: Astrid Kaufmann
Produktion: Wolfram Friedrich
Titelillustration: Karl Knospe
Typografischer Entwurf: Maria Seidel
Umschlaggestaltung: Carsten Abelbeck

ISBN 978-3-8174-7809-5
7278092

Besuchen Sie uns im Internet: www.compactverlag.de, www.lernkrimi.de

Vorwort

Mit dem neuen, spannenden Compact Lernkrimi können Sie Ihre Deutschkenntnisse auf schnelle und einfache Weise vertiefen, auffrischen und überprüfen.
Kommissar Kolb erleichtert das Sprachtraining mit Action und Humor. Er und seine mysteriösen Kriminalfälle stehen im Mittelpunkt von vier in sich abgeschlossenen Storys.
Die Krimis werden auf jeder Seite durch abwechslungsreiche und kurzweilige Übungen ergänzt, die das Lernen unterhaltsam und spannend machen.
Prüfen Sie Ihr Deutsch in Lückentexten und Zuordnungsaufgaben, in Buchstabenspielen und Fehlersuchrätseln!
Ob im Bus oder in der Bahn, im Wartezimmer, zu Hause oder in der Mittagspause – das Sprachtraining im handlichen Format bietet die ideale Trainingsmöglichkeit für zwischendurch.
Schreiben Sie die Lösungen einfach ins Buch!
Die richtigen Antworten sind in einem eigenen Lösungsteil zusammengefasst.

Und nun kann die Spannung beginnen …

Viel Spaß und Erfolg!

Die Ereignisse und die handelnden Personen in diesem Buch sind frei erfunden. Etwaige Ähnlichkeiten mit tatsächlichen Ereignissen oder lebenden Personen wären rein zufällig und unbeabsichtigt.

Inhalt

Der Tote hinter dem Lenkrad

Auf einem schlammigen Feld ist ein Auto verunglückt. Der Tote darin starb allerdings nicht bei dem Unfall, sondern durch einen Schuss ins Herz. Kann Kolb die Hintergründe aufklären?

Hits, Hits, Hits

Der erfolgreiche Musik-Produzent Moritz von Reitzenstein wird in seinem Büro ermordet. War es sein ehemaliger Geschäftspartner? Oder seine Ehefrau, die er betrogen hat? Oder vielleicht eine Sängerin, deren Geheimnis er teilte?

Tatort St. Pauli

Auf St. Pauli wird ein Mann bei einem Überfall krankenhausreif geschlagen. Doch war es wirklich ein Raubüberfall? Kommissar Kolbs Spürsinn lässt ihn zweifeln, zumal das Opfer kein unbeschriebenes Blatt war.

Der letzte Gast

In einer dunklen Bierkneipe wird der Kneipenwirt erschlagen aufgefunden. Am Abend vorher gab es heftige Streitereien zwischen den Gästen. Kann Kolb sie alle ausfindig machen und den Tathergang rekonstruieren?

Der Tote hinter dem Lenkrad

Nachdenklich streicht sich Kommissar Kolb mit dem Zeigefinger über seine Nase. Er bahnt sich vorsichtig einen Weg um das Auto. Das fällt dem dicken Kommissar nicht leicht. Der rote Wagen steht mitten in einem Feld. Der Mais wächst dicht an dicht. Es ist die Zeit kurz vor der Ernte.
„Mist!“, ruft Kolb laut. Er rutscht auf dem matschigen Boden aus und landet in einer Pfütze.
„Zum Glück sind wir hier draußen schon fertig mit der Arbeit, Herr Kommissar.“ Paul Lerchinger von der Spurensicherung streckt dem dicken Mann die Hand entgegen.

! ÜBUNG 1

Übung 1: Lesen Sie weiter und unterstreichen Sie im folgenden Absatz alle Adjektive! Schreiben Sie sie hier auf!

„Das nennst du Arbeit?“, brummt Kolb. Er verscheucht den jungen Kollegen mit einer ungeduldigen Kopfbewegung. Schnell verschwindet Lerchinger aus seinem Blickfeld. Mühsam richtet sich der Kommissar wieder auf. Er wischt den Matsch von seinem Hosenboden, doch dadurch verteilt sich der braune Schlamm auf seiner gesamten Kleidung. Widerwillig verzieht Kolb das Gesicht. Was für ein ekelhaftes Wetter! Dieser Dauerregen ist seiner Meinung nach auch an gewöhnlichen Tagen schon schlimm genug. Noch schlimmer findet er im Moment, dass alle möglichen Spuren am Tatort vom Regen zerstört worden sind. Kolb blickt verärgert zur Straße. Dort parken mehrere Streifenwagen und ein Notarztwagen. Beamte leiten den Verkehr um. Die Straße ist komplett gesperrt.

„In der Nacht war das Fahrzeug hier mitten im Feld mit Sicherheit nicht zu sehen. Kein Wunder also, dass wir erst am frühen Morgen angerufen wurden“, stellt der Kommissar laut fest. Mit vorsichtigen Schritten tastet er sich an dem Wagen entlang bis zu Dr. Neubacher. Der Rechtsmediziner kniet neben der geöffneten Fahrertür.

„Ein glatter Schuss ins Herz“, sagt Neubacher. „Er war sofort tot.“

„Hm“, knurrt Kolb. „Wie lange befindet sich der junge Mann denn schon in diesem Zustand?“ Der Kommissar fährt sich mit einer Hand über die Augen. Er ist müde. Der Anblick eines Toten macht ihn immer müde.

„Das kann ich nicht so genau sagen“, antwortet der Rechtsmediziner vorsichtig. Als er jedoch den Blick des Kommissars auffängt, fügt er schnell hinzu: „Seit etwa zehn Stunden. Wahrscheinlich ist das hier zwischen neun und zehn Uhr abends passiert.“

„Hm“, macht der Kommissar.

„Hm“, macht auch Dr. Neubacher.

„Wir haben die Waffe, wir haben die Waffe!“, tönt es aus der Ferne zu den beiden herüber.

Kolb und der Rechtsmediziner drehen sich erstaunt zur Straße. Der junge Kollege Rudi winkt mit beiden Armen zu ihnen hinüber. In einer Hand hält er eine durchsichtige Tüte.

„Komme!“, schreit Kolb und schlittert Richtung Straße.

„Die Waffe lag nur wenige Meter von hier entfernt in einem Wassergraben!“, erklärt Karla Reiss. Die Kommissarin packt Kolb helfend am Arm und zieht ihn auf den Asphalt.

Übung 2: Bilden Sie den Plural!

1. Mann	Männer	6. Meter	Meter
2. Unfall	Unfälle	7. Opfer	Opfer
3. Mörder	Mörder	8. Spur	Spuren
4. Waffe	Waffen	9. Auto	Autos
5. Fahrzeug	Fahrzeuge	10. Nase	Nasen

„Geplant scheint der Mord nicht gewesen zu sein“, sagt Kolb nüchtern. „Jemand erschießt einen jungen Mann beim Autofahren und riskiert einen tödlichen Unfall. Dann wirft der Mörder auch noch die Waffe unüberlegt weg.“

„Das Fahrzeug ist auf eine gewisse Rita Wohlschmidt zugelassen“, unterbricht ein Polizist seine Überlegungen.

„Dann fahren wir als Erstes zu ihr.“ Kolb atmet einmal tief durch. Schon die wenigen Meter durch den Matsch haben ihn außer Atem gebracht. „Hier sind wir fertig und so kommen wir vielleicht sofort der Identität des Opfers auf die Spur.“

Karla Reiss nickt und hält ihrem Chef die Tür des Dienstwagens auf. Er lässt sich auf den Beifahrersitz fallen.

Als Karla den Wagen startet, sagt sie: „Diese Frau Wohlschmidt wohnt nicht weit von hier!“

„So, so, interessant“, antwortet Kolb und streicht sich wieder über die Nase.

Kolb und seine Kollegin parken vor einem kleinen, allein stehenden Häuschen in einem winzigen Dorf außerhalb Hamburgs. Als sie klingeln, öffnet ihnen sofort eine Frau Mitte dreißig.

„Ja bitte?“, ruft sie und reißt erschrocken die Augen auf bei dem Anblick der zwei Besucher.

„Kripo Hamburg, Hauptkommissar Kolb, und das ist meine Kolle-

gin Karla Reiss“, stellt Kolb sich und Karla vor. „Sind Sie Rita Wohlschmidt?“
„Ist was mit meinem Bruder?“, fragt die Frau sofort zurück, und Kolb und seine Kollegin wechseln einen kurzen Blick.
„Wie meinen Sie das?“, fragt Kolb vorsichtig.
„Ich habe die ganze Nacht nicht geschlafen.“ Rita Wohlschmidt lehnt sich an den Türrahmen. Sie schließt kurz die Augen. „Ich habe meinem Bruder mein Auto geliehen. Er sollte es mir schon gestern zurückbringen, aber er ist nicht gekommen. Ich habe mir die ganze Nacht Sorgen um ihn gemacht. Ich konnte ihn nicht erreichen. Was ist mit ihm?“ Ihre Lippen beginnen zu zittern.
„Wir haben Ihren Wagen in einem Maisfeld gefunden. Der Fahrer kam von der Fahrbahn ab und ist tödlich verunglückt. Wir konnten allerdings die Identität des Mannes nicht feststellen. Er hatte keine Papiere bei sich.“ Kolb lässt bewusst aus, dass es sich bei dem Unglück wahrscheinlich um Mord handelt. Er hat schon auf der Fahrt beschlossen, erst einmal alle Informationen zu sammeln.
„Ende zwanzig, dunkles Haar, groß, sehr schlank ...?“, stößt Rita Wohlschmidt schluchzend hervor.
„Die Personenbeschreibung passt tatsächlich auf den Fahrer Ihres Wagens. Können Sie zu uns in die Rechtsmedizin kommen und sich den Verunglückten anschauen?“ Karla Reiss flüstert beinahe und Rita Wohlschmidt nickt stumm. Tränen rinnen über ihre Wangen.
„Ihr Bruder hat sich Ihr Auto ausgeliehen? Wozu benötigte er denn Ihren Wagen?“ Kolb reicht der Frau ein Taschentuch.
„Jens wollte über das Wochenende wegfahren. Wohin, weiß ich nicht. Ich benutze meinen Wagen nur selten. Er leiht ihn sich öfter aus.“ Rita Wohlschmidt schnäuzt sich.
„Verstehe. Sie haben also gestern den ganzen Abend auf Ihren Bruder gewartet?“
Rita Wohlschmidt nickt.

„Allein? Oder waren Ihr Mann oder Ihre Kinder ...“

„Ich habe keinen Mann“, antwortet Frau Wohlschmidt. „Ich habe keinen Mann und keine Kinder. Warum fragen Sie das?“ Sie zieht eine Augenbraue in die Höhe.

„Wir erwarten Sie in ...“ – Kolb blickt auf seine Armbanduhr – „in zwei Stunden in der Rechtsmedizin. Wir schicken Ihnen einen Wagen vorbei. Wenn Sie bestätigen, dass der Tote Ihr Bruder ist, besprechen wir alles Weitere. Haben Sie jetzt jemanden, der sich um Sie kümmern kann?“

„Meine beste Freundin wohnt gleich nebenan“, murmelt Frau Wohlschmidt.

Kolb und seine Kollegin nehmen noch Name und Anschrift des Bruders auf. Auch den Zweitschlüssel seiner Wohnung händigt Frau Wohlschmidt ihnen aus. Dann steigen die Beamten wieder in ihr Auto.

Übung 3: Wie lautet das Gegenteil?

1. dunkel ____________
2. selten ____________
3. dick ____________
4. jung ____________
5. gut ____________
6. schnell ____________
7. kurz ____________
8. unzuverlässig ____________
9. letzte ____________
10. interessiert ____________

Am Nachmittag trifft sich das Team im Besprechungszimmer.

„Was haben wir bisher?“, fragt Kolb. Er dreht einen roten Filzstift zwischen seinen dicken Fingern.

„Ein Mann wurde hinter dem Lenkrad seines Wagens erschossen“, meldet sich ein junger Polizist eifrig. „Vielleicht wurde er von seinem Beifahrer erschossen, nachdem er einen Unfall gebaut hat. Oder er wurde erschossen und ist deshalb in das Maisfeld gerast.“

„Sehr gut!“ Kolb nickt.

„Bei dem Toten handelt es sich tatsächlich um Jens Wohlschmidt“, meldet sich Karla. „Das hat seine Schwester mittlerweile bestätigt. Außerdem habe ich sie befragt und sie erzählte mir von ihrem Bruder. Er muss in letzter Zeit irgendwie seltsam gewesen sein.“
„Seltsam? Was meint Frau Wohlschmidt damit?“, fragt Kolb interessiert.
„Sie beschrieb ihn als nervös und unzuverlässig“, antwortet seine Kollegin.
„Das kann alles und nichts bedeuten.“ Kolb ärgert sich. „Konnte uns Frau Wohlschmidt irgendwelche Namen nennen? Von Freunden, Bekannten, Arbeitskollegen? Führte er eine Beziehung?“
„Jens Wohlschmidt war an der Universität eingeschrieben. Frau Wohlschmidt konnte uns nicht viel von ihm erzählen. Sie weiß so gut wie nichts von seinem Leben.“ Karla Reiss hebt hilflos die Hände. „Es war wohl eher eine Zweckgemeinschaft. Sie haben sich gegenseitig geholfen, wenn es nötig war. Ansonsten hatten sie nicht viel miteinander zu tun.“

Übung 4: Ergänzen Sie die fehlenden Formen!

Präsens	Präteritum	Perfekt
1. trifft	__________	__________
2. __________	__________	hat gebaut
3. __________	__________	ist gerast
4. handelt	__________	__________
5. __________	erzählte	__________
6.	beschrieb	__________
7. __________	__________	ist gewesen
8. __________	konnte	__________
9. __________	__________	haben geholfen
10. __________	hatten	__________

„Ich will Namen!“, donnert Kolb. „Muss man euch denn alles aus der Nase ziehen?“
„Seine Freundin heißt Anna, Anna Beck oder Beek oder Bek. Das finden wir schon heraus.“ Karla sieht ihren Chef missbilligend an.
„Na also. Bitte so schnell wie möglich herschaffen!“ Kolb geht ein paar Schritte auf und ab. „Ich habe mich in der Zwischenzeit in der Wohnung von Jens Wohlschmidt umgesehen“, ergänzt der Kommissar die bisherigen Nachforschungen. „Die Wohnungstür war aufgebrochen. Die Wohnung ist vollständig auf den Kopf gestellt. Ein riesiger Saustall! Die Matratzen sind aufgeschlitzt, Schubläden ausgeleert. Irgendjemand scheint irgendetwas bei Jens Wohlschmidt gesucht zu haben. Aber was? Auf dem Anrufbeantworter waren ein paar Nachrichten von seiner Schwester.“
„Das hat Rita Wohlschmidt schon bestätigt“, ruft Karla. „Sie hat nach ihrem Bruder gesucht, nachdem er ihr nicht wie vereinbart ihren Wagen zurückgebracht hatte. Sie sprach mehrmals auf seinen Anrufbeantworter. Sein Handy war nicht eingeschaltet.“
„Ja, ja“, schnaubt Kolb. „Wissen wir schon!“
„Die Waffe ist auf Arnold Brunner zugelassen“, meldet sich einer der Polizisten aus der Runde stolz.
„Arnold Brunner!“, ruft Kolb triumphierend.
„Besser gesagt: Die Waffe *war* auf Arnold Brunner zugelassen“, fügt der Polizist nicht mehr ganz so stolz hinzu. „Arnold Brunner sitzt wegen Drogenhandels seit elf Monaten im Gefängnis. Ihm wurde die Lizenz natürlich entzogen. Doch die Waffe hat er niemals abgegeben. Sie wurde gestohlen, behauptet er jedenfalls.“
Kolb legt seine Stirn in Falten. „Damit sind Sie schon zufrieden? Bringen Sie mir Fakten! Quetschen Sie ihn aus! Wem hat er seine Waffe gegeben? Setzen Sie sich gefälligst mit den entsprechenden Kollegen und der Gefängnisleitung in Verbindung! Reden Sie mit diesem Brunner!“

Der angesprochene Polizist zieht den Kopf ein wenig ein und nickt. „Gut", sagt Kolb wieder ruhiger. „Einer von uns geht zur Universität und befragt Professoren und Studenten. Außerdem setzen wir uns mit der Presse in Verbindung. Wir brauchen Hinweise aus der Bevölkerung. Richten Sie eine Telefonleitung dafür ein." Der Kommissar verzieht sein Gesicht. Er arbeitet nicht gerne mit der Presse zusammen. Journalisten verursachen seiner Meinung nach nur Aufregung, Ärger und Chaos. Aber fürs Erste bleibt ihm da wohl keine andere Wahl.

Übung 5: Entscheiden Sie bei den unterstrichenen Wörtern, ob sie im Dativ (D) oder im Akkusativ (A) stehen!

Gerade als Kolb am <u>nächsten Morgen</u> ( ) seinen Mantel aufgehängt und einen Kaffee bei <u>seiner Sekretärin</u> ( ) abgeholt hat, klingelt das Telefon. Schnaufend durchquert der Kommissar den Raum und knurrt seinen Namen in <u>den Hörer</u> ( ).

„Jens Wohlschmidt hat vor <u>seinem Tod</u> ( ) Marihuana konsumiert", meldet Dr. Neubacher aus <u>der Rechtsmedizin</u> ( ). „Außerdem hat er kurz vor seinem Ableben Bier getrunken. Aber nicht viel. Betrunken war er nicht. Und er hat etwas gegessen: Salat, Fleisch, Brot, Zwiebeln ..."

„Hm", macht Kolb.

„Der Einschussstelle nach zu urteilen, traf ihn die Kugel aus etwa <u>einem Meter</u> ( ) Entfernung", berichtet Neubacher weiter.

„Hm", lässt Kolb nun zufrieden hören. „Sonst noch was?"

„Das war es fürs Erste." Die Stimme des Arztes klingt ein wenig beleidigt. „Mit <u>der Uhrzeit</u> ( ) hatte ich übrigens recht. Jens Wohlschmidt wurde etwa um 21 Uhr erschossen."

„Dann mal weiter so", beendet Kolb <u>das Gespräch</u> ( ). Er nimmt einen langen Schluck von seinem Kaffee. „Kein Zucker drin", ruft

er mürrisch Richtung Vorzimmer.
„Zucker-Verbot! Vergessen?“ kommt es ebenso laut wieder zurück. Die Sekretärin erscheint in der Tür ( ) und droht mit dem Finger. Der Kommissar winkt ab. Er greift in die oberste Schublade ( ) seines Schreibtisches und lässt zwei Zuckerstücke in seinen Kaffee fallen. Bevor die Sekretärin mit ihm schimpfen kann, klingelt erneut das Telefon. Sie schüttelt den Kopf ( ) und schließt die Tür.
„Ja?“, fragt Kolb in den Telefonhörer hinein und nippt an seiner Tasse ( ).

„Im Auto und in der Wohnung sind die unterschiedlichsten Fingerabdrücke zu finden. Vom Opfer, von der Schwester, aber auch fremde. Der vordere Bereich des Autos ist übersät mit kleinen Fusseln. Graue, feine Wolle, vielleicht von Kaschmir-Handschuhen oder einem Schal. Auf der Waffe konnten wir allerdings keine Spuren mehr sichern. Vielleicht hat der Täter auch Handschuhe getragen“, berichtet Lerchinger eifrig.
„Verstehe.“ Kolb nickt. Seine Sekretärin steckt wieder den Kopf durch die Tür. Sie zeigt aufgeregt mit dem Finger hinter sich. Der alte Kommissar aber lässt sich nicht aus seiner gewohnten Ruhe bringen. „Sonst noch was?“, fragt er ruhig ins Telefon und sieht an die Decke. Die Sekretärin gibt einen verärgerten Laut von sich.
„Wir sind gerade dabei, die Fingerabdrücke mit unserer Datenbank abzugleichen“, sagt Lerchinger. „Vielleicht finden wir dabei etwas heraus.“
„Gut“, meint Kolb und legt auf. „Was gibt es?“, wendet er sich an seine Sekretärin.
„Draußen steht eine junge Frau. Anna Beck. Sie behauptet, die Freundin des Opfers gewesen zu sein.“
„Schon kommt Bewegung in den Fall!“, stellt Kolb zufrieden fest. „Sofort reinlassen.“

Übung 6: Setzen Sie die Wörter aus der Klammer in die passenden Lücken ein! ***(verschränkt, schüttelt, freundlich, fragt, ängstlich, kannten, übereinander, flüstert)***

Eine junge Frau betritt das Büro des Kommissars. Das schmale Gesicht ist blass, beinahe grau. Die Augen liegen tief in den dunklen Höhlen und sind vom Weinen rot und geschwollen.

„Wollen Sie nicht ablegen?“, fragt der Kommissar so (1.) __________ wie möglich.

Die junge Frau (2.) __________ nur den Kopf und zieht ihren roten Mantel enger um sich. Sie setzt sich Kolb gegenüber und schlägt die Beine (3.) __________.

„Sie (4.) __________ Jens Wohlschmidt?“, (5.) ______ Kolb.

„Wir waren noch nicht lange zusammen“, (6.) __________ das Mädchen. „Vielleicht drei Monate ...“ (7.) __________ schaut sie sich um. „Ich habe heute von Ihren Kollegen erfahren ... Jens ... tot ...“

„Woher kannten Sie sich?“ Kolb (8.) __________ die Arme über seinem Bauch und lehnt sich auf seinem Stuhl zurück.

„Er war Gast in dem Restaurant, in dem ich arbeite.“ Eine zarte Röte fliegt über das Gesicht der jungen Frau. „Seitdem haben wir uns ab und zu getroffen.“

„Ab und zu?“, fragt Kolb nach.

„Dann und wann eben“, antwortet Anna Beck. „Ich hatte gerade eine Beziehung hinter mir. Ich wollte mich nicht wieder so schnell festlegen, Sie verstehen?“

„Nicht wirklich.“ Der Kommissar seufzt. „Das Liebesleben der jungen Leute von heute ist mir ehrlich gesagt ein Rätsel.“

Anna Beck verzieht das Gesicht zu einem kurzen Lächeln. „Da gibt es nicht viel zu verstehen“, sagt sie und sieht dem Kommissar

kurz in die Augen. „Jeder hat sein eigenes Leben und manchmal kreuzen sich die Wege. So in etwa war das mit Jens und mir."
„Hm." Der Kommissar runzelt die Stirn. „Und wann haben sich Ihre Wege das letzte Mal gekreuzt?"
Das Mädchen beugt sich nach vorne und reißt die Augen auf. „Das war vorgestern, am Montag. Jens hatte sich nicht angemeldet. Das war ungewöhnlich. Er stand plötzlich vor meiner Tür. Er war völlig aufgelöst! Er wirkte gehetzt und wollte bei mir für ein paar Tage einziehen. Ich war nicht gerade begeistert. Wissen Sie, man merkt doch sofort, wenn da etwas nicht in Ordnung ist!"
„Sie meinen, Sie hatten das Gefühl, dass er in illegale Geschäfte verwickelt war?" Auch der Kommissar beugt sich nun nach vorne.
„Illegale Geschäfte?" Anna Beck überlegt. „Ja. Vielleicht. Sicher. Doch, genau." Sie sieht den Kommissar scharf an. „Jedenfalls hatte er ein großes Problem. Denn wissen Sie, was passiert ist?"
„Nein, aber Sie erzählen es mir jetzt."
„Jens war gerade im Wohnzimmer, da klingelte es an der Tür. Jens sagte noch: ‚Ich bin nicht da, wenn jemand fragt!'" Anna Beck schluckt schwer und zieht die Nase hoch. „Dann habe ich geöffnet. Vor mir standen zwei Männer. Mit solchen Muskeln ..." Sie deutet den Umfang mit zwei Händen an. „Sie fragten: ‚Ist Jens da?' Ich verneinte. Dann sagte einer der beiden: ‚Wenn er kommt, grüße ihn von Manni. Sag ihm, der Chef wartet auf ihn. Er weiß dann schon Bescheid.'"
„Manni?", wiederholt Kolb, und Anna Beck nickt.

Übung 7: Lesen Sie weiter und ordnen Sie die Buchstaben in den Klammern zu sinnvollen Wörtern!

„Als ich zurück ins (1. IWHMOMENZR) __________ kam, war Jens verschwunden! Er ist über den Balkon abgehauen. Wissen Sie, ich wohne Hochparterre, da kann man leicht vom (2. ABLOKN)

__________ aus in den Hinterhof springen. Jedenfalls hat er das hier verloren." Die junge (3. RAUF) __________ holt aus ihrer Manteltasche einen Geldbeutel hervor und reicht ihn dem Kommissar.
„Danach haben Sie nichts mehr von ihm gehört?"
„Nein, gar nichts." Sie reibt sich mit beiden Händen die Augen.
„Und Sie kannten diese Typen vor Ihrer (4. TÜSHRAU) __________ nicht?" Kolb sieht Anna Beck ernst an. „Bitte, diese Antwort ist sehr wichtig für uns."
„Nein, ich habe die Männer noch nie (5. SENGEEH) __________." Die junge Frau schüttelt den Kopf. „Ich weiß auch nicht, was sie wollten. Wirklich."
„Was wussten Sie sonst von Jens Wohlschmidt? Hat er irgendwo gearbeitet? Kennen Sie seine (6. DEUFERN) __________?"
Anna Beck knetet ihre Lippen. „Wie gesagt, jeder von uns hatte sein eigenes (7. BENLE) __________. Wir haben uns vielleicht einmal die Woche gesehen und dann waren wir immer allein. Wir wollten es ganz langsam angehen lassen. Ich war verletzt ... ich ... mein letzter Freund ... ich habe sehr schlechte Erfahrungen machen müs..."

„Frau Beck!", unterbricht Kolb Anna Beck. Außer aus beruflichen Gründen interessieren den Kommissar die emotionalen Tiefen junger Frauen äußerst selten. Jetzt ist er auf der Suche nach Fakten. „Über irgendetwas werden Sie doch mit Jens Wohlschmidt gesprochen haben!" Kolb räuspert sich.
„Ja, sicher." Anna Beck räuspert sich ebenfalls. „Er hat studiert. Geschichte und Germanistik. Er war schon beinahe fertig – so erzählte er mir. Manchmal hat er nachts irgendwo gearbeitet. In einem Club oder so. Aber dort habe ich ihn nie besucht. Ich arbeite ebenfalls oft bis spät in die Nacht." Sie kratzt sich am Kopf. „Ballack. Oder Beilhack. So heißt der Laden. Irgend so ein Name."
„Ballack? Wie der Fußballspieler?"

Anna Beck zuckt mit den Schultern und Kolb seufzt schwer.
„Haben Sie manchmal Drogen zusammen genommen? Wissen Sie was davon?"
„Ich? Niemals! Und Jens auch nicht! Jedenfalls nicht in meinem Beisein! Sind Sie verrückt?" Die junge Frau schaut den Kommissar entsetzt an. „Wie kommen Sie denn darauf?"
„Beruhigen Sie sich, Frau Beck." Kolb seufzt erneut. „Könnten Sie bitte dableiben? Ich möchte Ihnen einige Bilder aus unserer Datenbank zeigen. Vielleicht erkennen Sie ja einen der Männer wieder, die bei Ihnen vor der Haustür standen. Wenn Sie in unserer Bildkartei nichts finden, schicke ich noch unseren Zeichner vorbei. Mit diesem können Sie dann ein Phantombild anfertigen. Außerdem brauchen wir Ihre Fingerabdrücke. Wir sichern gerade das Auto und die Wohnung des Opfers."
„Klar." Anna Becks Lider flattern. Ihre Wangen haben nach dem Gespräch etwas Farbe bekommen. Sie steht auf und reicht Kolb flüchtig die Hand.
„Wenn Ihnen noch etwas einfällt ..." Der Kommissar reicht ihr seine Karte.
„Klar", sagt Anna Beck wieder. Ihre Stimme klingt müde.
„Wo waren Sie eigentlich vorgestern Abend?", fragt Kolb noch pflichtbewusst.
„Zu Hause natürlich", antwortet Frau Beck verwundert. „Ich habe auf Jens gewartet ..."

Übung 8: Schreiben Sie in den nächsten drei Absätzen die Anfangsbuchstaben der Wörter groß, wenn es nötig ist!

ÜBUNG 8 !

kolb fährt allein in die wohnung des opfers. er will nochmals in ruhe durch die räume gehen. vielleicht ist ihm in dem chaos etwas entgangen? kolb steht in dem winzigen flur und schnuppert.

„riecht nach jungem mann", denkt er. eine typische junggesellenwohnung. der geruch nach verschwitzter wäsche und kaltem zigarettenrauch hat sich schon in den vorhängen festgesetzt. keine bilder an den wänden, keine fotos.
„jens wohlschmidt scheint nicht gerade ein häuslicher mensch gewesen zu sein", stellt der kommissar fest. er fragt sich sogar für einen kurzen moment, ob die wohnung überhaupt von fremden durchwühlt worden war.

Vielleicht sieht es hier immer so aus, überlegt er. Dann fällt ihm ein, dass die Wohnungstür aufgebrochen wurde.
Kolb tritt zum Bücherregal. Es ist leer. Die Bücher liegen herausgerissen in einem großen Haufen auf dem Boden. Der Kommissar bückt sich mühsam und nimmt ein dickes Buch in die Hand. Es ist aus der Universitätsbibliothek entliehen. Den Kommissar überkommt ein Gefühl von Trauer und Wut. Ein Gefühl, das jedes Mal in ihm hochsteigt, wenn er an einem Mordfall arbeitet. So als wäre er selbst höchstpersönlich ungerecht behandelt worden.
„Vielleicht bin ich deshalb zur Mordkommission gegangen", überlegt Kolb zum wiederholten Male, „weil Mord die ungerechteste Sache der Welt ist!"

ÜBUNG 9 !

Übung 9: Setzen Sie die Verben in den Klammern in die korrekte Präsensform!

Kolb (1. treten) _________ ans Fenster und (2. sehen) _________ hinaus. Die Fensterscheiben sind von den Abgasen und dem Schmutz der Straße grau und beschlagen. Der sandige Dreck (3. bilden) _________ nach dem Regen der letzten Tage eigenwillige Muster auf der Scheibe. Der Kommissar (4. öffnen) _________ das Fenster und sieht hinaus. Sofort (5. schlagen) _________ ihm der Lärm der Großstadt entgegen. Frauen mit gefüllten Tüten eilen die Straße entlang. Ein Mann (6. schieben) ________ einen Kinderwagen und (7. zerren) ________ ein quengelndes Kind hinter sich her. Autos schlängeln sich durch die enge Straße. Ein Lastwagen (8. müssen) ________ stehen bleiben: Ein Fahrzeug (9. parken) ________ zu weit in die Fahrbahn. Die Autofahrer hinter dem Laster hupen wütend. Nur ein Mofafahrer (10. fahren) ________ in aller Ruhe Slalom um die sich bildende Schlange. Eine Frau (11. nutzen) ________ den Stau, um die Straße zu überqueren. Sie (12. laufen) ________ beinahe in das Mofa, das plötzlich hinter einem Auto (13. auftauchen) ________.

Kommissar Kolb schüttelt den Kopf. Gerade will er das Fenster schließen – da bleibt sein Blick an dem Schild des Ladens direkt gegenüber hängen.
„Interessant", murmelt er.
Als er die engen Treppen hinunterläuft, kommen ihm die Kollegen von der Spurensicherung entgegen.
„Schon so früh auf den Beinen?", fragt einer.
„Früh?", fragt Kolb zurück. „Ihr seid spät!"
Er tritt auf den Gehweg und bahnt sich seinen Weg durch die wartenden Autos. Als er beim Stehimbiss ‚Cengiz Dönerei' gegenüber ankommt, schließt der Besitzer gerade den Laden auf.
„Herr Cengiz? Kolb, Kriminalpolizei, kann ich Ihnen ein paar Fragen stellen?"
Der Mann dreht sich überrascht zu ihm um.
„Sicher!" Er betrachtet Kolb von oben bis unten, dann hält er dem Kommissar die Tür weit auf.
„Kennen Sie diesen Mann?", fragt Kolb und zieht ein Bild von Jens Wohlschmidt aus seiner Jackentasche.
„Klar, der ist oft Gast hier", antwortet der Mann nach einem kur-

zen Blick. „Er wohnt da irgendwo gegenüber." Herr Cengiz deutet auf die Häuserreihe auf der anderen Seite der Straße.

„Wohnte", korrigiert ihn Kolb. „Jens Wohlschmidt ist tot."

„Tot?", wiederholt der Mann ungläubig. „Was ist denn geschehen?"

„Wann haben Sie Jens Wohlschmidt das letzte Mal gesehen?", fragt Kolb weiter, ohne auf die Frage einzugehen.

„Da muss ich überlegen. Ich habe jeden Tag viel Kundschaft", antwortet der Mann. Er stützt seine Ellenbogen auf den Tresen, legt den Kopf in die Hände und starrt auf die Holzplatte. Mit zwei Fingern massiert er seine Schläfen. Er schweigt lange. Der Kommissar wartet geduldig. Ein seltenes Lächeln bildet sich in seinen Mundwinkeln. So angestrengt hat er schon lange niemanden mehr nachdenken sehen. Der Imbissbesitzer gefällt ihm. Kolb freut es, wenn sich jemand Mühe gibt mit seinen Antworten. Das kommt selten genug vor. Der Kommissar weiß aus Erfahrung: Die meisten Menschen sprechen schneller als sie denken.

„Jetzt weiß ich es!" Der Mann hebt den Kopf, seine Augen strahlen. „Das war am Montag. So etwa gegen sieben oder acht Uhr abends. Ich konnte mich sofort daran erinnern, dass er da war. Ich musste nur überlegen, wann. Wissen Sie, hier gleicht ein Tag dem anderen. Ich arbeite sieben Tage die Woche hier."

„Und er hat einen Döner bei Ihnen gegessen?", fragt Kolb weiter.

„Woher wissen Sie das?", fragt der Imbissbesitzer beleidigt. „Bei mir gibt es auch andere leckere Sachen. Meine Frau kocht jeden Tag frisch! Gäste in einem türkischen Imbiss essen nicht nur Döner! *Sie* vielleicht! Aber es gibt Menschen, die auch wahre Spezialitäten der türkischen Küche zu schätzen wissen."

„Sicher, sicher", beschwichtigt ihn Kolb. „Aber im Magen des Toten wurden Brot, Fleisch und Zwiebeln gefunden. Daraus besteht doch ein Döner hauptsächlich? Deshalb bin ich auch hier.

Man kann aus dem Fenster von Jens Wohlschmidt auf Ihren Laden sehen. Da dachte ich: ‚Vielleicht war er zufälligerweise bei Ihnen und aß einen Döner.'"

„Aha!" Der Mann lacht freundlich. „Sie sind ein richtiger Detektiv, was?"

„Kriminalhauptkommissar", berichtigt ihn Kolb. „Aber nun erzählen Sie mir, was an jenem Abend geschehen ist. Ist Ihnen am Verhalten von Herrn Wohlschmidt etwas Ungewöhnliches aufgefallen?"

„Wenn Sie mich so fragen, ja, tatsächlich! Dieser junge Mann kauft sich gewöhnlich sein Essen und nimmt es direkt mit. Ist ja auch logisch! Er wohnt auf der anderen Straßenseite. Warum sollte er hier essen? Zu Hause ist es doch viel gemütlicher, nicht wahr?" Der Mann lächelt Kolb freundlich an.

Dieser muss an das Chaos in der Wohnung des Opfers denken. „Kommt auf die Wohnung an", antwortet er.

„Da haben Sie natürlich Recht." Herr Cengiz wiegt den Kopf hin und her. „Nun gut. Am Montag jedenfalls bestellte der junge Mann einen Döner und ein Bier und aß direkt hier. Er saß genau da, wo Sie gerade sitzen." Der Mann deutet auf Kolbs Stuhl. Unwillkürlich hebt der Kommissar sein Hinterteil und schaut auf den bunten Plastikbezug unter sich.

Übung 10: Ergänzen Sie die folgende Tabelle!

Positiv	Komparativ	Superlativ
1. klein	___________	___________
2. ___________	___________	am zugigsten
3. jung	___________	___________
4. ___________	___________	am ältesten
5. viel	___________	___________

6. ___________	unauffälliger	___________
7. ___________	___________	am schwersten
8. männlich	___________	___________
9. gut	___________	___________
10. ___________	___________	am höchsten

„Nach dem Essen blieb er noch eine Weile da“, fährt der Mann fort. „Er sah die ganze Zeit aus dem Fenster. Als würde er auf jemanden warten. Schließlich stand er auf und ging.“
„War jemand bei ihm?“, fragt Kolb.
Der Imbissbesitzer schüttelt den Kopf. „Nein, er war allein.“
„Haben Sie gesehen, ob er jemanden getroffen hat?“, fragt Kolb weiter.
Wieder schüttelt der Mann den Kopf.
„War sonst noch jemand im Laden, den Sie kannten und den ich vielleicht befragen könnte?“
„Nein. Nur Laufkundschaft.“ Der Mann macht ein bedauerndes Gesicht.
„Danke“, sagt Kolb und reicht ihm seine Karte. „Wenn Ihnen noch etwas einfällt ...“
„Melde ich mich.“ Der Mann lächelt und begleitet Kolb zur Tür.

Gerade als der Kommissar aus dem Laden tritt, klingelt sein Handy.
„Ja?“, fragt er und presst sich das Telefon dicht ans Ohr.
„Wir haben was!“, meldet sich Karla Reiss aufgeregt. „Anna Beck hat einen der Männer identifizieren können. Manfred Hamba. Er ist vorbestraft wegen Körperverletzung. Jetzt arbeitet er als Türsteher in einem Club. Im ‚Balzac‘.“
„Balzac! Manfred Hamba! Manni! Arbeitet im Balzac!“ Kolb lässt sich sofort von der Aufregung seiner Kollegin anstecken. „Sehr gut! In diesem Laden war Jens Wohlschmidt ebenfalls beschäftigt!“

„Wie kommen Sie darauf, Chef?“, fragt Karla erstaunt.
„Nur eine Ahnung“, schnauft Kolb, der sich in Richtung seines Autos bewegt. „Anna Beck erzählte von einem Club, in dem Jens Wohlschmidt gearbeitet haben soll. Sie nannte den Laden ‚Ballack‘. Ist das nicht süß?“
„Kommen Sie ins Büro? Wo sind Sie überhaupt?“, fragt Karla.
„Bin schon auf dem Weg. Bis ich da bin, möchte ich Namen und Anschrift des Besitzers dieses Clubs haben. Alles klar?“ Kolb schließt seinen Wagen auf.
„Alles klar, Chef!“, sagt Karla und legt auf.

„Chef, so können Sie aber nicht in den Club gehen!“ Karla betrachtet den Kommissar von oben bis unten. „Mit Anzug und Krawatte?“
„Ich bin ja nicht Undercover unterwegs, oder? Das übernehmen die jungen Kollegen!“ Kolb sieht trotzdem verunsichert an sich hinunter. „Ich werde nur mit dem Besitzer sprechen. Und da werde ich doch aussehen dürfen, wie ich es will!“
„Natürlich, Chef.“ Karla grinst. Sie genießt es, den Kommissar ab und an ein wenig zu ärgern.
Es ist elf Uhr abends. Karla und der Kommissar stehen in der kleinen, zugigen Gasse vor dem ‚Balzac‘. Der Besitzer des Ladens sowie der Türsteher sind nicht aufzufinden gewesen. Nun hoffen Kolb und sein Team, die beiden heute Abend im Nachtclub anzutreffen. Zwei junge Polizisten seiner Abteilung sind schon im ‚Balzac‘ und sehen sich den Laden genauer an. Im Gegensatz zu dem alten Kommissar fallen die Kollegen nicht weiter auf. Sie sind jung, sportlich und unauffällig angezogen. Kolb schlägt den schweren Vorhang beiseite, der vor der gläsernen Eingangstür hängt. Beim Eintreten sieht Kolb außer seinen zwei Kollegen nur ein Mädchen mit ihrer männlichen Begleitung an der Bar stehen.
„Es ist mitten in der Nacht, der Laden ist leer. Wozu braucht dieser

Club eigentlich einen Türsteher?“, fragt Kolb misstrauisch. Er blickt sich um. Die Wände sind mit dicken, roten Tapeten beklebt. Über kleinen, schwarzen Tischen sind blass orange leuchtende Lämpchen angebracht. Sie sind die einzigen Lichtquellen in dem finsteren Raum. Selbst die Bar liegt im Dunkeln. „Die Bedienung muss sich hier ja blind auskennen“, bemerkt Kolb und blinzelt.

„Sie haben wirklich keine Ahnung mehr vom Nachtleben, oder?“, fragt Karla amüsiert. „Vor zwölf Uhr abends braucht man sich heutzutage nicht mehr blicken zu lassen! Die Leere im Laden spricht eher dafür, dass es sich hier um einen richtig coolen Club handelt!“

„Hm“, brummt Kolb wenig überzeugt.

Zielstrebig geht er durch den engen Raum und beugt sich über den Tresen. Hinter der Bar lehnen ein Mann und eine Frau nebeneinander an einem Regal und unterhalten sich leise miteinander. Keiner der beiden beachtet den alten Herrn.

„Entschuldigung“, meldet sich Kolb und winkt dem Mädchen zu. Die junge Frau verzieht genervt ihren Mund und schlendert im Zeitlupentempo die wenigen Meter zu ihrem Gast.

ÜBUNG 11 !

*Übung 11: **Wo?** oder **Wohin?** Entscheiden Sie bei den unterstrichenen Wörtern!*

1. Karla und der Kommissar stehen vor dem Club. __________
2. Über den Tischen sind Lämpchen angebracht. __________
3. Die Bar liegt im Dunkeln. __________
4. Er beugt sich über den Tresen. __________
5. Kommen Sie hinter die Bar! __________
6. Ein kleiner Flur führt in die Küche. __________
7. Lampen liegen neben der großen Spüle. __________
8. Eine Kaffeemaschine steht auf einem Tisch. __________
9. Sie kommen an eine Tür. __________

„Ja? Was zu trinken, oder was?“, fragt sie gelangweilt.
„Nein danke, nicht im Dienst. Kriminalpolizei, Kolb ist mein Name. Ich hätte gerne ein paar Worte mit Ihrem Chef gewechselt, wenn das möglich ist.“
„Ist möglich. Kommen Sie hinter die Bar, hier gibt es einen Weg nach oben.“ Die Bedienung scheint auf einmal hellwach. „Haben Sie einen Termin mit Werner? Worum geht es denn?“, fragt sie neugierig. Sie hebt das Holz der Theke an einer Stelle hoch und lässt den Kommissar und Karla Reiss hinter die Bar.
„Das würde ich lieber erst einmal mit Ihrem Chef allein bereden“, antwortet der Kommissar wenig freundlich.
„Hier entlang“, sagt die Frau nur und deutet mit der Hand an das Ende der Theke. Als sie an ihrem Kollegen vorbeigeht, zuckt sie ratlos mit den Schultern.
Ganz links führt ein kleiner Flur in die Küche des Clubs. Sie scheint nicht in Betrieb zu sein. Überall stehen Pappkartons herum, einige Lampen liegen neben der großen Spüle, ein Werkzeugkasten steht auf dem Herd. Nur eine fleckige Kaffeemaschine auf einem kleinen Tisch an der Wand gurgelt leise vor sich hin.
„Verkaufen Sie den etwa oder ist der für Sie?“, fragt Kolb und deutet auf die schwarze Brühe in der durchsichtigen Kanne.
„Ich dachte, Sie sind Polizist? Sie klingen, als wären Sie vom Gesundheitsamt! He, der ist ganz frisch! Möchten Sie einen?“ Die Bedienung unterdrückt nur mit Mühe ein freches Grinsen.

Übung 12: Bilden Sie indirekte Fragen!

1. Wozu braucht dieser Club einen Türsteher?
Kolb will wissen, wozu ______________________________
2. Etwas zu trinken?
Das Mädchen fragt, ob er ______________________________

3. Haben Sie einen Termin mit Werner?
Sie möchte wissen, ob ______________________________

4. Worum geht es denn?
Sie fragt, worum ______________________________

5. Verkaufen Sie den (den Kaffee) etwa?
Kolb würde gerne wissen, ob die Bedienung _______________

6. Möchten Sie einen?
Die Bedienung fragt, ob ______________________________

Hinter der Küche führt ein weiterer kleiner Flur zum Hinterausgang. Neben der Tür windet sich eine schmale Treppe nach oben. Sie gehen hintereinander die steilen Stiegen hinauf. Am Ende der Treppe kommen sie wieder an eine Tür. Die Bedienung nimmt sich nicht die Zeit, anzuklopfen.

„Werner – Gäste! Hier sind zwei Freunde von der Kriminalpolizei!“ Sie dreht am Knauf und lässt die Tür mit Schwung gegen die Wand knallen.

„Kiki!“ Der Mann hinter dem Schreibtisch sieht verärgert auf. Kolb stellt sich und seine Kollegin vor.

„Werner Warmer“, antwortet der Mann hinter dem Schreibtisch und erhebt sich kurz. „Wie kann ich Ihnen helfen?“ Zu der Bedienung gewandt, sagt er scharf: „Und du kannst deinen Hintern wieder hinter die Bar bewegen!“

Kiki streckt ihm die Zunge heraus und zieht die Tür hinter sich zu.

ÜBUNG 13 !

Übung 13: Welches Wort gehört nicht dazu?

1. Kommissar, Detektiv, Polizist, Mörder _______________
2. Zeitung, Buch, CD, Illustrierte _______________
3. Augen, Brille, Ohren, Nase _______________
4. Zigarette, Pfeife, Streichholz, Zigarre _______________

5. Foto, Kamera, Film, Computer ________________
6. Woche, Kalender, Monat, Jahr ________________
7. Freundin, Tante, Tochter, Mutter ________________
8. Schreibtisch, Stuhl, Regal, Buch ________________
9. Bedienung, Tür, Flur, Treppe ________________

„Kennen Sie diesen jungen Mann?“, fragt Kolb und zeigt das Foto des Ermordeten.

„Sicher, sicher, das ist Jens Wohlschmidt. Er ist tot, nicht wahr? Habe ich in der Zeitung gelesen.“ Werner Warmer setzt sich wieder und zündet sich eine Zigarette an.

„Woher kannten Sie ihn?“, fragt Kolb weiter.

„Er hat bei mir gearbeitet. Hinter der Bar. Meistens am Wochenende. Studentenjob, Sie verstehen.“ Er zieht lange an seiner Zigarette und sieht seine Gäste durch halb geschlossene Augen nachdenklich an.

„Ein gut aussehender Mann“, denkt Kolb. „Sportlich, mit intelligenten Augen und festen, dunklen Locken, die er mit Sicherheit noch eine Weile behalten wird.“

„Was hat Sie davon abgehalten, sich bei uns zu melden?“, fragt Kolb scharf. „Wenn Sie von seinem Tod durch die Zeitung erfahren haben, wissen Sie vielleicht auch, dass wir nach Hinweisen suchen.“

„Ich wollte mir Ärger ersparen. Der Junge war nicht angemeldet hier, Sie wissen schon ...“ Werner Warmer hustet trocken.

„Wir wissen gar nichts, Herr Warmer“, sagt Kolb, sofort wütend. „Aber wir werden es herausfinden, darauf können Sie sich verlassen. Also: Jens Wohlschmidt hat hier gearbeitet. Wann war er das letzte Mal hier?“

„Keine Ahnung.“ Der Clubbesitzer hustet erneut. „Vorletztes Wochenende, oder so.“

„Ich dachte, er hat *jedes* Wochenende hier gearbeitet?“, hakt Karla nach.
„Er war im Urlaub, glaube ich.“ Herr Warmer lächelt Karla freundlich an. Dann wendet er sich wieder Kolb zu: „Was genau wollen Sie eigentlich von mir?“
Kolb überlegt kurz. Welche Taktik soll er anwenden? Viel hat er eigentlich nicht gegen Werner Warmer in der Hand. Aber andererseits führt zu ihm die einzige heiße Spur.
„Wir wissen aus sicherer Quelle, dass Sie Jens Wohlschmidt vor ein paar Tagen gesucht haben. Wir würden gerne den Grund dafür erfahren. Außerdem interessiert uns brennend, ob Sie ihn auch gefunden haben.“
„Na so was!“ Werner Warmer lächelt und drückt seine Zigarette aus. „Wie kommen Sie denn darauf? Ich soll Jens gesucht haben? Warum das denn? Er war doch im Urlaub!“
„Wir erwarten von Ihnen keine Fragen, sondern Antworten, Herr Warmer. Wir können aber auch gerne Ihren Angestellten dazu befragen. Der war doch in Ihrem Auftrag unterwegs? Wie heißt er doch gleich?“ Kolb sieht zu seiner Kollegin.
„Manfred Hamba“, antwortet diese. „Auch Manni genannt. Die Polizei hatte mit ihm ja schon ein paar Mal das Vergnügen. Er ist vorbestraft wegen Körperverletzung. Das wissen Sie doch bestimmt, Herr Warmer.“
„Herr Hamba hat die Freundin von Jens Wohlschmidt bedroht“, sagt Kolb und durchbohrt sein Gegenüber mit kalten Blicken. „Er war auf der Suche nach Jens Wohlschmidt. Und er hat *Ihren* Namen genannt. Was sagen Sie dazu, Herr Warmer?“ Kolb trommelt mit seinen Fingern auf dem Tisch.

Übung 14: Kreuzen Sie den richtigen Artikel im Singular an und bilden Sie anschließend das Lösungswort!

	der	die	das
1. Taktik	A	M	O
2. Ärger	O	N	S
3. Suche	V	R	Ü
4. Vergnügen	E	H	D
5. Polizei	S	F	Ö
6. Kriminalamt	B	U	A
7. Auftrag	L	Y	Ä
8. Suche	P	L	N

Lösungswort **der** ____________________

Herr Warmer schweigt und greift erneut nach seinen Zigaretten. „Muss ich Sie daran erinnern, dass wir einen Mordfall untersuchen?", fragt Kolb. „Wir können Sie auch gerne mit ins Kriminalamt nehmen. Sie stehen nämlich unter Mordverdacht. Was haben Sie eigentlich am Montagabend gemacht?"

„Moment, Moment!" Herr Warmer hebt abwehrend die Hände. „So schnell geht das doch nicht!"

„Sind Sie sich da sicher, Herr Warmer?", fragt Karla Reiss.

„Gut." Herr Warmer seufzt. „Es stimmt. Ich war auf der Suche nach Jens. Aber das kann mir keiner verübeln! Ich war echt sauer auf den Knaben! Immerhin schuldete er mir 5000 Euro! Das ist eine Menge Geld! Und dieses Geld wollte ich wiederhaben!"

„5000 Euro?", fragt Kolb verwundert. „Sie leihen einem kleinen Studenten 5000 Euro? Wozu denn das?"

„Ich bin eben ein netter Mensch!" Warmer pustet dem Kommissar den Rauch seiner Zigarette ins Gesicht. Kolb muss blinzeln. „Jens hat schon lange für mich gearbeitet, er war nett und freundlich. Beinahe ein Freund."

„Nett und freundlich. Ein Freund. Sicher." Kolb muss lachen. „Aber als er das Geld nicht zurückgezahlt hat, war die Freundschaft vorbei?"

„Logisch!" Warmer nickt. „Da habe ich eben Manni und seinen Kumpel losgeschickt. Die sollten ihn höflich an seine Schulden erinnern."

„Wozu brauchte Jens Wohlschmidt das Geld?", fragt Kolb.

„Keine Ahnung", antwortet Warmer. „Vielleicht für seine kleine Freundin. Frauen können manchmal einfach teuer werden, nicht wahr?" Wieder lächelt er Karla an, die angeekelt die Augen zusammenzieht.

„Dann wird Manni Hamba Ihre Geschichte mit Sicherheit bestätigen können?", fragt Kolb.

„Klar!" Werner Warmer klingt vergnügt. „Übrigens war ich den ganzen Montagabend in diesem Büro hier. Meine Angestellten haben mich hereinkommen sehen. Etwa um ..." Werner Warmer überlegt. „So um zehn. Reicht Ihnen das?"

„In keinster Weise", antwortet der Kommissar. „Sie werden jetzt mit uns mitkommen, Herr Warmer." Kolb steht auf. „Wir haben noch einige Fragen zu klären und hier stinkt es mir zu sehr nach Rauch. Stellen Sie sich auf eine lange Nacht ein!"

Werner Warmer steht ebenfalls auf. Er sieht wütend aus, doch bevor er etwas erwidern kann, öffnet sich erneut die Tür.

ÜBUNG 15 !

Übung 15: Bilden Sie aus zwei Wörtern ein zusammengesetztes Wort und geben Sie sowohl bei den einzelnen als auch bei den zusammengesetzten Wörtern den Artikel an!

1. _____	Körper	a. _____	Besitzer	____________
2. _____	Club	b. _____	Maschine	____________
3. _____	Mord	c. _____	Flasche	____________
4. _____	Auto	d. _____	Verletzung	____________

5. _____ Kaffee	e. _____ Verdacht	_______________
6. _____ Werkzeug	f. _____ Fahrer	_______________
7. _____ Bar	g. _____ Kasten	_______________
8. _____ Bier	h. _____ Mann	_______________

„Herr Kommissar, wir haben unten eine Verdächtige! Sie wollte an der Bar Drogen kaufen!“ Der Kopf des jungen Undercover-Agenten erscheint.

„Gut gemacht, Rudi!“ Kolb freut sich. „Ich komme sofort.“

„Ist eigentlich dieser Manni Hamba aufgetaucht?“, ruft Karla Reiss ihrem Kollegen hinterher.

„Noch nicht!“, antwortet dieser und springt schon wieder die Treppe hinunter.

„Hier kann man Drogen an der Bar kaufen? Herr Warmer, Herr Warmer, das wirft aber kein gutes Licht auf Ihren Club!“ Kommissar Kolb lächelt.

„Ich habe damit nichts zu tun!“ Werner Warmer betont jede Silbe.

„Das werden wir ja sehen. Karla, begleitest du Herrn Warmer zum Auto?“

„Sicher, Chef.“ Karla greift nach Warmers Arm.

Wieder unten angelangt, staunt Kolb nicht schlecht. In kürzester Zeit hat sich der Club gefüllt. Die Musik dröhnt lauter. Die Gäste stehen in kleinen Gruppen beieinander und unterhalten sich angeregt. Der Kommissar schaut sich um. Neben der Eingangstür sieht er Rudi mit einem Kollegen. Sie reden auf einen Mann und ein Mädchen ein. Kolb erkennt den Kerl: Es ist der Mann hinter der Bar. Wie er jetzt bemerkt, hat dieser ein blaues Auge. Das Veilchen zieht sich bis zu seinem Wangenknochen.

„Was ist eigentlich genau passiert?“, fragt Kolb und gesellt sich zu der Gruppe.

„Ich habe gerade ein Getränk an der Bar bestellt“, erzählt Rudi, „da kam dieser Gast hier dazu.“ Er deutet auf das Mädchen neben sich. „Ich habe gleich gesehen, dass da etwas nicht stimmt. Die junge Dame hat mit dem Barmann gesprochen. Erst leise, dann immer lauter. Sie schien sich über irgendetwas zu ärgern. Ich habe mich vorsichtig angenähert. Es ging um Drogen. Das Mädchen wollte unbedingt etwas kaufen und wurde immer wütender, weil sie nichts bekommen hat.“

„Ich weiß von nichts!“, ruft der Barmann. „Das ist eine Verrückte!“

„Was meinen Sie dazu?“, fragt Kolb das Mädchen.

„Ich sage gar nichts mehr!“, antwortet dieses verschnupft und nimmt einen großen Schluck Bier aus ihrer Flasche.

Kolb atmet tief durch. „Alle mit aufs Kriminalamt!“, seufzt er.

Der Kommissar hält die Tür auf. Karla und Werner Warmer gehen an ihnen vorbei, dann folgen die Beamten. In ihrer Mitte befinden sich die beiden Festgenommen. Gerade will Kolb auf die Straße treten, da bleibt sein Fuß in einer Falte des Vorhangs am Eingang hängen.

„Verflucht!“, ruft er laut und fällt der Länge nach hin.

ÜBUNG 16 !

Übung 16: Ergänzen Sie die Fragewörter!

1. _____ steht in kleinen Gruppen zusammen? Die Gäste.
2. _____ sieht er Rudi? Neben der Eingangstür.
3. _____ hat die Bedienung? Ein blaues Auge.
4. _____ zieht sich das Veilchen? Bis zum Wangenknochen.
5. _____ hat Rudi an der Bar bestellt? Ein Getränk.
6. _____ weiß von nichts? Der Barmann.
7. _____ heißt Kolbs Kollegin? Karla.
8. _____ nimmt das Mädchen aus der Flasche?
   Einen Schluck Bier.

Die ganze Truppe dreht sich nach ihm um. Rudi und Karla stürzen zu ihm. Der Kommissar fasst nach seinem Kinn.
„Haben Sie Schmerzen?", fragt Karla Reiss besorgt und sieht sich das aufgeschürfte Kinn an.
„Können Sie aufstehen?" Rudi kniet sich neben den Kommissar. Ein Kollege befreit Kolbs Fuß aus dem Vorhang.
„Sie Idiot!", schreit Kolb Rudi an. „Schnell! Ihm nach! Los! Sonst haut er ab!"
Alle drehen sich um. Gerade sehen sie noch den Barmann um die nächste Ecke biegen. Rudi und Karla greifen jeweils nach ihren Waffen und stürzen dem Flüchtenden hinterher.
„Kümmere du dich um die beiden hier!", sagt Kolb zu dem Kollegen, der seinen Fuß befreit hat. Er rappelt sich auf und schlägt sich den Staub von der Hose. Vorsichtig fährt er über sein Kinn und betrachtet die Blutspur auf seinem Handrücken.
„So ein Mist!" Der Kommissar kocht vor Wut. Sein Kopf ist rot angelaufen.
Während Werner Warmer und das Mädchen zum Polizeiauto gebracht werden, sieht Kolb sich in der kleinen Gasse um. Er kennt die Gegend hier. Die kleine Straße macht eine größere Kurve um den Block und führt dann parallel wieder am Club vorbei zur Hauptstraße.
„Wenn der Verdächtige in die abzweigende Einkaufspassage flüchtet, bekommen ihn Karla und Rudi. Wenn er aber wieder in Richtung Hauptstraße rennt, kann ich ihn noch an der nächsten Ecke abpassen", denkt Kolb.
Er setzt sich schnaufend in Bewegung und greift an seinen Hüftgurt. Natürlich. Seine Dienstwaffe liegt in der obersten Schreibtischschublade in seinem Büro. Hinter dem Zucker. Kolb schnauft. Vielleicht sollte er tatsächlich ein wenig abnehmen. Er kommt in letzter Zeit ziemlich schnell außer Atem!

ÜBUNG 17 !

Übung 17: Suchen Sie im folgenden Absatz alle Verben im Präsens heraus und schreiben Sie sie hier auf!

____

____

____

An der Ecke zu der schmalen Straße bleibt er stehen. Vorsichtig beugt er sich nach vorne und schaut die Gasse entlang. Die Straße liegt wie ausgestorben da. Der Kommissar lehnt sich an die Wand des Hauses und horcht. Nichts. Oder doch? Wieder schaut er vorsichtig um die Ecke. War da nicht ein Schatten in der Einfahrt ein paar Meter weiter? Kolb tastet sich an der Hauswand entlang. Er schielt in die dunkle Garageneinfahrt. Sie führt steil nach unten zu einem geschlossenen Tor. Der Kommissar tritt ein paar Schritte zurück auf den Gehsteig. Am Ende der Straße sieht er Karla um die Ecke biegen. Gerade will er auf sie zugehen, da löst sich ein Schatten aus der Hauswand vor ihm. Kolb springt mit ausgebreiteten Armen vor – und wird von dem Barmann zu Boden gerissen. Kolb fühlt sich wie ein Käfer auf dem Rücken. Er zappelt mit seinen Händen und Füßen. Nur mit Mühe dreht er sich auf den Bauch. Der Barmann hat sich schon wieder halb aufgerichtet. Wie ein Sprinter hat er einen Fuß nach vorne gesetzt. Der Rücken ist gekrümmt. In Zeitlupe sieht Kolb, wie der andere ihm noch einen Blick zuwirft. Gerade zieht er den hinteren Fuß nach vorne, bereit zum Start, da fasst der Kommissar mit einem schnellen Griff den Schnürsenkel des Flüchtenden. Der Länge nach fällt dieser auf den Boden, tritt aber dem Kommissar noch einmal kräftig gegen das Kinn, bevor er von Karla schließlich überwältigt wird. Die Handschellen schließen sich knackend um die Handgelenke.

„Wir haben uns benommen wie die Anfänger!", schimpft Kolb und hält sich erneut das Kinn. „Karla, warum kommen Sie so spät? Wo waren Sie so lange?"

„Rudi und ich haben uns getrennt. Er ist in die Einkaufspassage gelaufen, ich bin weiter die Straße entlang. Ich dachte, der Typ wäre in einem Hauseingang verschwunden. Ich bin hinterher. Es war aber nur ein Betrunkener. Das hat Zeit gekostet." Karla atmet zwischen den Sätzen stoßweise.

„Karla, ich sage Ihnen, wie es ist: Nächstes Jahr werde ich pensioniert. Ich kann nicht mehr so schnell. Außerdem braucht ein alter Mensch viel Ruhe. Wir bringen jetzt den ganzen Haufen aufs Revier und dann machen wir erst mal Pause. Morgen werden wir dann sehen, wen wir da eigentlich alles eingesammelt haben." Kolb holt aus seiner Jacke umständlich ein Taschentuch und betupft die blutende Stelle.

„Ich glaube, wir haben da einen sehr interessanten Fang gemacht, Chef", sagt Karla. Sie winkt Rudi zu, der die Straße entlanggerannt kommt.

„Mal sehen", meint der Kommissar. Auch er hört sich sehr zufrieden an.

Übung 18: Setzen Sie das passende Reflexivpronomen ein!

ÜBUNG 18 !

1. Kolb fühlt _____ wie ein Käfer auf dem Rücken.
2. Seine Frau duscht _____ jeden Morgen.
3. Darum kümmern wir _____ morgen.
4. Bevor Kolb und Karla ____ trennten, wirkten sie sehr zufrieden.
5. Er sagte: „Ich muss _____ noch rasieren."
6. Von seinen Mitarbeitern will er wissen: „Habt ihr _____ darum gekümmert?"
7. Du solltest _____ warm anziehen.

Am nächsten Tag lässt sich Kolb ein wenig Zeit, bevor er ins Büro geht. Er duscht und rasiert sich, wechselt das Pflaster an seinem Kinn, zieht sich seinen neuesten Anzug an und rupft sich vor guter Laune sogar ein paar Nasenhaare. Dann kocht er sich und seiner Frau Annemarie eine Tasse Kaffee.
„Du willst auf deine alten Tage doch nicht etwa charmant werden?", fragt seine Gattin und nippt an ihrem Becher. „Ich glaube, den letzten Kaffee hast du mir an unserem ersten Hochzeitstag gekocht."
„Stimmt nicht", protestiert Kolb. „Ich koche dir doch immer einen Kaffee, wenn ich wieder nah dran bin an der Lösung eines Falles – so selten kommt das nun auch nicht vor! Du weißt, kurz vor der Aufklärung fühle ich mich immer wie frisch verliebt!" Er gibt seiner Frau einen dicken Kuss auf die Wange.
„Heute Abend gehen wir essen!", flötet der Kommissar, winkt seiner Frau zu und verlässt die Wohnung.

Im Kriminalamt läuft Karla ihm schon auf dem Flur entgegen.
„Kommissar, die Spur ist heiß! Das Mädchen im Nachtclub hat ausgesagt, bei dem Barmann regelmäßig Drogen gekauft zu haben. Dieses Mädchen kannte auch Jens Wohlschmidt. Auch bei ihm hat sie öfter Kokain und Marihuana bekommen. In einschlägigen Kreisen ist der Club anscheinend dafür bekannt, dass unter der Theke mit Drogen gehandelt wird."
„Interessant!" Kolb nickt.
„Mit der Vernehmung des Barmanns haben wir natürlich auf Sie gewartet."
„Natürlich!" Wieder nickt Kolb zufrieden. „Dann nehmen wir den Kerl mal unter die Lupe!"
„Hier entlang, Kolb. Er wartet schon im Vernehmungsraum 1." Karla zupft den Kommissar am Ärmel und zieht ihn ungeduldig den Gang entlang.

Kolb tritt in das Zimmer und lässt sich ächzend auf einem Drehstuhl nieder. Der Barmann sieht sehr müde aus. Die Augenringe ziehen sich bis zu den Nasenflügeln. Der Verdächtige hängt seitlich auf dem schmalen, hölzernen Stuhl, die Beine weit von sich gestreckt. Der Kommissar bemerkt sofort den verschlossenen Gesichtsausdruck seines Gegenübers.

„Den werden wir schon knacken“, denkt er und knetet seine Finger.

„Name?“, fragt er, nachdem er das Aufnahmegerät eingeschaltet hat.

„Luis Schleifer. Wissen Sie doch schon!“, murmelt der junge Mann. „Und jetzt lassen Sie mich in Ruhe!“

Sofort drückt Kolb auf die Stopptaste des Gerätes. „Passen Sie auf, Sie! Haben Sie eigentlich eine Ahnung, um was es hier geht? Das ist hier kein Kindergeburtstag, o.k.? Sie haben mit Drogen gehandelt, sie kannten Jens Wohlschmidt. Sie standen in enger Verbindung mit einem Mordopfer. Machen Sie sich nicht verdächtiger, als Sie es sowieso schon sind.“

„Ich lasse mir nichts anhängen“, antwortet der junge Mann. Er grinst den Kommissar schief an. „Außerdem können Sie mich jetzt bequatschen, wie Sie wollen. Ich warte auf meinen Anwalt.“

Der Kommissar stöhnt auf und lässt eine Faust auf den Tisch sausen. In diesem Moment öffnet Lerchinger von der Spurensicherung die Tür des Vernehmungsraumes. Er flüstert Kolb etwas ins Ohr. Der Kommissar spitzt erst die Lippen. Doch bei jedem weiteren Wort des Kollegen verzieht sich sein Mund zu einem immer breiter werdenden Lächeln.

„Hmm“, grinst er und klopft Lerchinger auf die Schulter.

Der Kommissar wartet, bis sie wieder allein sind. Er steht auf und geht eine Weile im Raum auf und ab. Dann setzt er sich wieder und sieht den Barmann lange und nachdenklich an. Dieser hält seinem

Blick nur einige Augenblicke stand, dann sieht er demonstrativ an die Decke.

Übung 19: Setzen Sie die Personalpronomen in der richtigen Form ein!

1. Wir haben (Ihr) _____ Fingerabdrücke gefunden.
2. Wir können (uns) _____ Gespräch später führen.
3. Kolb lehnt sich auf (sein) _____ Stuhl zurück.
4. (Sein) _____ Lippen sind ohne Farbe.
5. Ich erzähle Ihnen (mein) _____ Version der Geschichte.
6. Sie sind mit (Ihr) _____ Freund nach Holland gefahren.
7. Habt ihr an (euer) _____ Unterlagen gedacht?
8. Das ist bei (uns) _____ Ermittlungen herausgekommen.

Nach einer halben Ewigkeit sagt Kolb: „Mein lieber Scholli, Sie sitzen aber richtig tief in der Patsche."
„Häh?" Der junge Mann richtet sich auf.
„Nun", sagt der Kommissar gedehnt. „Wie erklären Sie es sich, dass Ihre Fingerabdrücke im Auto des Mordopfers gefunden wurden? Das ganze Fahrzeug ist mit Ihren Spuren übersät. Außerdem haben wir auch Spuren von Ihnen in der Wohnung von Jens Wohlschmidt gefunden. Wir haben von der Staatsanwaltschaft gerade die Einwilligung bekommen, Ihre Wohnung zu durchsuchen. Wir können unser zähes Gespräch auch gerne nach den Untersuchungen weiterführen. Was meinen Sie?"
„Ich lasse mir keinen Mord anhängen!", flüstert der junge Mann. Seine Lippen haben nun jede Farbe verloren. Dicke Schweißperlen treten auf seine Stirn.
„Ich darf einmal zusammenfassen, was wir bisher haben." Kommissar Kolb lehnt sich auf seinem Stuhl zurück und streckt seine

Finger. „Also: Wir haben einen Toten, der in seinem Auto erschossen wurde. Wir haben einen Clubbesitzer, in dessen Laden unter der Theke Drogen verkauft werden. Wir haben einen Barmann, der die Drogen verkauft. Das sind übrigens Sie." Der Mann fährt aus seinem Sitz und will etwas sagen. Kolb bedeutet ihm, ruhig zu sein. „Weiter: Wir haben eine Frau, die uns erzählt hat, dass Manni Hamba das Opfer kurz vor seinem Tod gesucht hat." Kolb dreht sich auf seinem Stuhl um in Richtung der verspiegelten Scheiben und ruft in den Raum: „Habt Ihr den Türsteher mittlerweile gefunden?"

Aus einem Mikrofon an der Wand tönt es zurück: „Haben wir!"

Kolb dreht sich wieder zu dem jungen Mann. „Und nun erzähle ich Ihnen einmal meine Version der Geschichte. Passen Sie auf: Sie arbeiten zusammen mit Jens im ‚Balzac'. Ihr Boss handelt mit Drogen, die Sie unter der Hand an Ihre Gäste verkaufen. Eines Tages beschließen Sie, nicht mehr nur Verkäufer zu spielen. Sie wollen selbst ein Geschäft mit Drogen aufziehen! Also fahren Sie zusammen mit Ihrem Freund Jens los nach Holland. Da waren Sie doch übers Wochenende?" Er sieht Luis Schleifer streng an.

„Belgien", antwortet er leise. „Aber es war nicht ..."

„Ruhe!", donnert Kolb. „Sie fahren also nach Belgien und kaufen sich dort Drogen, die Sie gemeinsam verkaufen wollen. Vielleicht haben Sie sogar schon einen Großabnehmer hier in Hamburg. Wie auch immer, Jens denkt jedenfalls nicht daran, den Gewinn zu teilen. Er will alles für sich behalten. Sie persönlich durchwühlen seine Wohnung auf der Suche nach dem Geld. Irgendwann lauern Sie ihm in seinem Auto auf. Sie wollen Ihren Teil des Geldes haben. Aber Jens lacht Sie nur aus. Da erschießen Sie ihn. War es nicht so?"

„Nein", stößt Luis Schleifer hervor, „so war es nicht!"

„Und wie war es dann?", fragt Kolb ruhig.

„Wir wollten kein eigenes Geschäft aufziehen. Wir waren im Auftrag von Werner Warmer unterwegs. Der wollte sich doch nicht die Finger schmutzig machen! Er hat uns viel Geld geboten für die Kurierfahrt nach Belgien. Jens und ich sind beide nicht vorbestraft, wir sind mit dem schicken Auto der Schwester gefahren, wir hatten keine großen Sorgen. Es lief auch alles gut. Wir waren zwar etwas später als geplant wieder in Hamburg, aber es ist wirklich super gelaufen! Jens nahm die Drogen mit nach Hause. Kurz vor der Übergabe wurde ihm aber das ganze Paket gestohlen! 500 Gramm Kokain! 400 Gramm Marihuana! Er rief mich sofort an. Ich fuhr zu ihm. Wir bekamen Angst. Mit Werner Warmer und seinen Freunden ist nicht zu spaßen! Wir haben beschlossen, dass ich mit Werner reden solle. Ich sage Ihnen – Werner ist total ausgerastet! Er hat sofort seine Leute angerufen. Sie haben die Wohnung von Jens durchsucht. Sie haben meine Wohnung durchsucht. Sie haben mir das hier verpasst!" Der Barmann deutet auf sein geschwollenes Auge. „Werner war fest davon überzeugt, dass Jens ihn betrügen wollte. Er raste vor Wut. Doch er konnte Jens nicht finden. Wir alle konnten ihn nicht finden! Dann lasen wir in der Zeitung, dass er erschossen im Auto seiner Schwester gefunden wurde. Werner hat sofort alle illegalen Geschäfte in seinem Club untersagt. Er wusste, dass Sie kommen würden."

„Wenn Sie es nicht waren – wer hat Jens Wohlschmidt dann umgebracht?" Kolb durchbohrt den Mann mit seinen Blicken.

„Keine Ahnung! Werner vielleicht? Mann, ich weiß es nicht!" Luis schlägt mit der Faust auf den Tisch. Kolb zuckt noch nicht mal mit der Wimper. „Ich dachte in der Zwischenzeit, Jens würde uns alle belugen und betrügen", fährt der Barmann fort. „Mich und Werner Warmer. Ich dachte, dass er mir nur eine Geschichte erzählt hat. Dass die Drogen gar nicht gestohlen wurden und er sie allein behalten wollte. Immerhin hatte Werner Warmer sie bereits

bezahlt. Das wäre ein Reingewinn von etwa 40.000 Euro gewesen, oder? Wenn er das wirklich getan hat ... und Werner das herausgefunden hat ... ich war es jedenfalls nicht!"
„Hm", überlegt Kolb. „Wollen Sie einen Kaffee?"
Luis nickt und der Kommissar verlässt den Vernehmungsraum.
„Chef, Sie waren großartig!" Karla stürzt ihm sofort entgegen. „Den haben Sie aber zum Singen gebracht!"
Kolb lächelt geschmeichelt. „Mit meiner Geschichte wollte ich ihm nur ein wenig Angst machen. Aber meine Deutung der Tatsachen war näher an der Wahrheit, als ich dachte!"
„Fantastisch!", ruft Karla erneut.

Übung 20: Suchen Sie in den folgenden beiden Absätzen die Nebensätze und schreiben Sie sie hier auf!

! ÜBUNG 20

____

____

____

„Aber wer war nun der Mörder?" Kolb kratzt sich am Kopf. „War es Luis Schleifer? Vielleicht hat er herausgefunden, dass Jens die Drogen unterschlagen hat. Das könnte ihn zu der Tat getrieben haben. Oder war es Werner Warmer? Vielleicht hat er Jens Wohlschmidt finden können und wollte wissen, wo die Drogen sind. Doch weil sie *wirklich* gestohlen wurden, konnte Jens nichts sagen. Vielleicht sind Werner Warmer und seine Leute durchgedreht und haben ihn erschossen. Diesem Warmer traue ich alles zu."
„Vielleicht hat Jens herausgefunden, wer ihm die Drogen geklaut hat." Karla wird ein wenig rot, während sie ihre Vermutung äußert.

„Kann doch sein? Vielleicht war es ja Luis! Wer wusste denn sonst von den Drogen? Jens will sie wiederhaben, doch Luis gibt sie nicht her und erschießt Jens."

„Sehr gut, Karla!" Kolb sieht seine Kollegin anerkennend an. „Kein schlechter Ansatz! Wir werden erst einmal Werner Warmer verhören, dann wissen wir mehr."

Rudi kommt ihnen im Flur entgegen. In jeder Hand hält er eine Tasse. Er reicht dem Kommissar einen Kaffee und geht mit der anderen Tasse weiter in Richtung Vernehmungsraum. Dabei bemerkt er beiläufig: „In Ihrem Büro wartet übrigens jemand auf Sie. Ein gewisser Cem Cengiz und ein Verwandter von ihm. Ich sagte den beiden schon, dass Sie keine Zeit haben. Herr Cengiz besteht aber darauf, zu warten."

„Cengiz", überlegt Kolb. „Woher kenne ich ...? Karla, übernehmen Sie bitte das Verhör. Ich bin gleich wieder da."

Karla sieht ihrem Chef verwundert hinterher.

„Herr Cengiz. Cengiz Dönerei, nicht wahr?" Kolb reicht dem Mann erfreut die Hand.

ÜBUNG 21 !

Übung 21: Finden Sie in den folgenden Absätzen die acht Perfektformen und setzen Sie die Verben anschließend in den Infinitiv!

	Perfekt	Infinitiv
1.	____________	____________
2.	____________	____________
3.	____________	____________
4.	____________	____________
5.	____________	____________
6.	____________	____________
7.	____________	____________
8.	____________	____________

„Richtig, Herr Kommissar." Der Imbissbesitzer steht auf und nimmt Kolbs Hand in seine beiden Hände. „Herr Kommissar, darf ich Ihnen meinen Onkel Jamal vorstellen?"
Der Kommissar reicht auch dem Onkel die Hand.
„Mein Onkel spricht nur Türkisch. Daher wusste er auch nichts von dem Mord. Er liest nur türkische Zeitungen. Wie oft habe ich ihm schon gesagt, dass er Deutsch lernen soll!" Der Imbissbesitzer lacht. „Nun gut. Jedenfalls hat er mich gerade besucht. Wir haben über diese schreckliche Geschichte gesprochen. Ich habe ihm das Bild in der Zeitung gezeigt und von Ihrem Besuch bei mir erzählt. Da sagte Jamal: ‚Lieber Neffe, ich habe diesen Jungen gesehen. Ich war gerade auf dem Weg zu dir an diesem Abend. Da kam er mir entgegen. Er rannte mich fast um und ich habe mich geärgert. Er hat nicht Entschuldigung gesagt.'" Der alte Herr neben dem Imbissbesitzer nickt bei jedem Wort seines Neffen mit dem Kopf. Er scheint sehr stolz auf Cem Cengiz zu sein.

„Hatte er jemanden bei sich?", fragt Kolb aufgeregt.
„Eine Frau. So eine blasse, dünne Person. Sehr jung. Sie trug einen roten Mantel."
„Herr Cengiz, Sie haben uns sehr geholfen!" Kolb rennt schon wieder aus seinem Büro. „Ich danke Ihnen! Ich danke Ihnen sehr!" Dann führt er ein kurzes Gespräch am Telefon.

Kurze Zeit später sitzen Kolb und seine Kollegin Karla Reiss in ihrem Dienstwagen auf dem Weg zu Anna Beck.
„Ich habe ein gutes Gefühl." Kolb streicht sich mit einem Finger über die Nase. Karla sieht ihn schräg von der Seite an, sagt aber nichts.

Sofort nach dem Klingelton öffnet Anna Beck ihnen die Tür. Als

sie die Beamten sieht, werden ihre großen Augen noch um eine Spur runder.
„Bitte?“, flüstert sie.
„Frau Beck, können wir uns kurz mit Ihnen unterhalten?“, fragt Kolb vorsichtig.
„Dürfen wir eintreten?“ Karla schiebt sich schon an dem schmalen Mädchen vorbei.
Kolb und Karla lassen sich auf das kleine Sofa im Wohnzimmer fallen. Anna Beck bleibt vor ihnen stehen. Ihre Lippen zittern verdächtig. Schon sammeln sich die ersten Tränen in ihren Augen.
„Wir sind Ihnen auf der Spur, Frau Beck. Ich weiß, dass Sie es waren. Es fehlt nur noch so viel ...“ Kolb hält Daumen und Zeigefinger aneinander. „Wir haben Ihre Fingerabdrücke im Wagen gefunden. Sie waren am Abend der Tat mit Jens Wohlschmidt unterwegs.“ Kolb deutet plötzlich auf einen grauen Schal. Er hängt in der Diele an der Garderobe. „Gab es dazu vielleicht passende Handschuhe? Haben Sie diesen Schal am Montag getragen? Grauer Kaschmir ...“
Anna folgt entsetzt seinem Blick.
„Ich ...“
„Frau Beck, erzählen Sie uns, was passiert ist.“ Kolbs Stimme klingt ruhig und freundlich. „Sie waren im Besitz der Tatwaffe. Frau Beck, wir haben sie gefunden. Ich habe gerade mit den Kollegen aus dem Gefängnis Ihres Exfreundes geredet. Er vermisst schon länger seine Waffe, nicht wahr? Sie haben sie ihm entwendet, stimmt es? Sie sind die Exfreundin von Arnold Brunner!“
„Ich ...“
„Sie wurden am Abend des Mordes mit Jens Wohlschmidt gesehen. Was haben Sie mit ihm gesprochen? Wohin sind Sie gefahren? Hatten Sie die Drogen bei sich? Wo sind sie jetzt?“ Kolb betrachtet das Mädchen beinahe mitleidig.

Anna Beck rinnen die Tränen über die Wangen. Voller Angst schaut sie von Kolb zu Karla und wieder zurück.
„Es war so: Sie haben die Drogen bei Jens Wohlschmidt gefunden. Oder hatten Sie einen gemeinsamen Plan? Wollten Sie Werner Warmer um die Drogen betrügen?“ Kolb wartet auf eine Antwort, doch Anna Beck schweigt. „Nun gut. Ich werde eine Hausdurchsuchung veranlassen. Es sollen auch ein paar Hunde herkommen, die werden die Drogen schon …“
„Unter dem Balkon!“, schreit Anna Beck plötzlich. „Ich habe sie unter dem Balkon vergraben.“ Sie sinkt zu Boden und lässt ihren Kopf zwischen die Knie sinken.
„Was wollten Sie denn mit dem Zeug?“ Karla beugt sich zu ihr nieder.
„Jens kam nicht rechtzeitig von seinem Wochenendurlaub nach Hause. Wir waren abends verabredet gewesen, doch er hat mich versetzt! Am nächsten Tag bin ich zu seiner Wohnung gefahren. Ich besitze einen Schlüssel, wissen Sie. Und als er nicht geöffnet hat, habe ich nachgeschaut.“ Das Mädchen schluchzt laut auf.
„Ihre Wege haben sich also doch ein wenig öfter gekreuzt“, sagt Kolb ruhig.
„Ich habe die Drogen gefunden. Sie lagen mitten auf dem Küchentisch. Ich dachte noch: So ein Idiot!“ Anna Beck schüttelt den Kopf und eine Träne fällt auf den Boden. „Mein Exfreund sitzt doch schon im Gefängnis wegen dem Scheiß. Und jetzt auch noch Jens? Ich war wie unter Schock! Ich habe das Zeug mit nach Hause genommen. Ich wusste nicht, was ich machen sollte. Wegwerfen? Zur Polizei gehen? Ich wollte unbedingt erst mit Jens reden. Die Drogen habe ich unter dem Balkon verbuddelt. Ich war gerade fertig, da steht Jens plötzlich vor meiner Tür! Ich wollte mit ihm sprechen, ich wollte eine Erklärung von ihm – da kamen schon diese Schlägertypen daher! Und als ich wieder ins Wohnzimmer trat,

war Jens verschwunden! Sein Handy habe ich tatsächlich kaputt getreten. Ich konnte ihn also nicht erreichen. Ich bekam wahnsinnige Angst: Ich bekam Angst um Jens. Ich bekam Angst vor den Schlägern. Wenn sie wieder zurückkamen! Was sollte ich dann tun? Ich erinnerte mich an die Waffe meines Exfreundes. Die hatte ich ihm kurz vor seiner Verhaftung geklaut. Wissen Sie, vor dem Kerl hatte ich damals noch mehr Angst als vor dem Tod. Aber das ist eine andere Geschichte." Anna streicht sich eine Strähne hinter das Ohr. „Jedenfalls steckte ich die Waffe ein. Am Abend meldete sich Jens bei mir. Er sagte: ‚Ich muss abhauen, kommst du mit?' Wir verabredeten uns vor seiner Haustür. Dann fuhren wir eine Weile im Wagen seiner Schwester umher und zur Stadt hinaus. Schließlich erzählte er mir alles: dass er mit Drogen handle, dass er Kurier bei Werner gewesen sei, dass ihm Drogen gestohlen worden seien, dass ihn jetzt Werner und seine Bande verfolge, dass die ihn fertigmachen werden, dass er ein neues Leben anfangen müsse und dass er den Dieb der Drogen umbringen werde!
Ich sagte: ‚Jens. *Ich* habe die Drogen! Du nimmst jetzt den ganzen Kram und bringst ihn zur Polizei. Mein Exfreund sitzt deshalb schon im Knast. Er war ein böser Mensch und es geschieht ihm recht. Aber du bist gut! Du gehörst nicht in diese Welt! Du bist ein kluger, studierter Mann! Ich will dich nicht verlieren.'" Anna Beck hebt den Kopf und sieht Kolb traurig an. „Er hielt das Auto an. Er hat mir eine Ohrfeige gegeben. Er schrie mich an. Ich blieb ganz ruhig. Ich holte aus meiner Handtasche die Waffe meines Exfreundes. Und ich sagte: ‚Du bist so ein toller Kerl. Du hast bisher nichts Schlimmes gemacht. Ein bisschen gedealt hier und da. Wenn du der Polizei hilfst, dann lassen sie dich vielleicht laufen. Du siehst doch, wie hart die Jungs da draußen sind. Meinst du, du kannst vor ihnen weglaufen? Nein, das kannst du nicht. Du fährst jetzt zur Polizei und gibst ihnen die Drogen. Sie werden Werner und seine

Bande in den Knast werfen. Wenn du dann immer noch sauer auf mich bist, kannst du mir noch mal eine Ohrfeige geben. Vielleicht zwinge ich dich jetzt. Aber du musst das Richtige tun!'"
„Aber er wollte nicht zur Polizei, oder?", fragt Karla.
„Nein." Anna senkt wieder den Blick. „Er hat den Wagen gestartet und fuhr weiter. Er sagte: ‚Ich suche nach einer Stelle zum Wenden.' Doch plötzlich riss er das Steuer herum. Ich knallte mit dem Kopf gegen das Fenster. Er griff nach meiner Waffe. Ich riss sie zurück – da ..." Anna Beck kneift entsetzt die Augen zusammen und verstummt.
Karla legt Anna eine Hand auf die Schulter. „Aber dann war das doch ein Unfall. Warum haben Sie das nicht der Polizei erzählt?"
„Ich hatte Angst, einfach Angst. Ich renne mit einer Waffe herum, die mir nicht gehört. Vielleicht war auch schon die Polizei hinter den Drogen her? Dann wäre ich an der ganzen Geschichte beteiligt gewesen. Ich bin die Doofe und die Bösen rennen draußen frei herum! Ich besaß ja auch noch die Drogen ... wie sollte ich beweisen, dass sie eigentlich Werner gehören? Nein, nein. Ich hatte eine andere Idee. Ich wollte euch auf die Drogenbande um Werner Warmer aufmerksam machen. Ich wollte, dass ihr Werner für den Mörder haltet. Und ich wollte ihm noch in den nächsten Tagen in einem geeigneten Moment die Drogen unterschieben. Damit er für den Rest seines Lebens ins Gefängnis kommt. Ich finde, er hat Jens auf dem Gewissen – nicht ich!" Anna Beck schaut verzweifelt in Karlas Gesicht.
„Können Sie aufstehen?", fragt Kolb.
Karla greift Anna am Arm und zieht sie hoch.
„Eigentlich ist mir plötzlich alles egal", sagt Anna verwundert. Sie kommt leicht schwankend auf die Beine. „Jedenfalls fühle ich mich jetzt leichter."
„Noch leichter?", fragt Kolb verwundert und blickt von der schmalen Gestalt auf seinen dicken Bauch.

Hits, Hits, Hits

Kommissar Kolb gähnt und schaut auf die Uhr.
„Erst halb sechs", stöhnt er und dreht sich wieder auf die Seite. Genervt greift er nach seinem Kissen und zieht es sich über den Kopf. War das schön damals ... Als junger Mann konnte Kolb schlafen und schlafen und schlafen. Aber wozu war das gut? Damals war er fit, in den besten Jahren seines Lebens. Jetzt dagegen ist er ein alter Mann und braucht seinen Schlaf. Aber was passiert? Er wacht um halb sechs Uhr auf. Und dann kann er nicht mehr einschlafen, weil er sich über sich selbst ärgert.
„Ach, was hilft es", brummt er unzufrieden. Er streckt seine Beine aus dem Bett und tastet mit den Füßen nach seinen Pantoffeln. Missmutig schlurft er durch das Schlafzimmer. Dann zieht er sich einen Morgenmantel über. Er wirft einen verärgerten Blick zu seiner Frau. Annemarie schnauft leise und regelmäßig mit halb geöffnetem Mund.
„Ja, ja, du schläfst schön", denkt er neidisch. „Aber wenn mir jetzt die Tür zu laut ins Schloss fällt? Aus Versehen, natürlich. Dann bist du wach."
Doch Kolb kennt die Dame seines Herzens. Sie würde niemals glauben, dass ihm so etwas aus Versehen passiert.

! ÜBUNG 1

Übung 1: Suchen Sie das Wort, das nicht dazupasst!

1. Schreibtisch, Telefon, Hörer, Anrufbeantworter
2. Schlafzimmer, Wohnzimmer, Treppenhaus, Bad
3. Pantoffeln, Strümpfe, Stiefel, Halbschuhe
4. Schaf, Lamm, Hammel, Kuh
5. Kaffeemaschine, Haartrockner, Toaster, Mikrowelle
6. Teppich, Bett, Schrank, Stuhl
7. Weg, Straße, Gasse, Auto

„Was ist besser“, überlegt Kolb und legt dabei den Kopf nachdenklich schief, „eine selig schlafende Frau oder eine wache, aber schlecht gelaunte Gattin?“
Also geht er auf leisen Sohlen die Treppe hinunter. Gerade, als er die Kaffeemaschine in Gang setzt, läutet das Telefon.
„Hm?“, brummt er in den Hörer und horcht eine Weile. Dann sagt er: „Ja, ich bin schon auf dem Weg. Nein, nein, brauchen Sie nicht. Die rufe ich selbst an.“
Wenig später sitzt Kolb bester Laune in seinem Auto. Wenigstens durfte er seine Kollegin Karla selbst aus dem Bett klingeln. Oh, die war nicht sehr erfreut über den frühen Weckdienst!
„Die Rache des alten Mannes“, murmelt er zufrieden und startet den Wagen.

„Wo ist der Tatort?“, fragt der Kommissar den Polizisten an der Tür des mehrstöckigen Bürogebäudes.
„Sechster Stock“, antwortet der Polizist und deutet mit einer Hand nach oben.
„Mist!“, ärgert sich der Kommissar. Am Aufzug klebt ein großer Zettel mit der Aufschrift: „Außer Betrieb.“ Ächzend erklimmt Kolb die Stufen.

Übung 2: Schreiben Sie die Ordinalzahlen in die Lücken!

ÜBUNG 2 !

1. Die Kinder kommen am 11. _________ Januar.
2. Der 3. „ _________ Mann“ ist ein berühmter Film.
3. Sie müssen in den 16. _________ Stock fahren.
4. Den 29. _________ Februar gibt es nur jedes 4. _________ Jahr.
5. Die 7. _________ Übung war am leichtesten.
6. Er war der 1.000.000 _________ Besucher.
7. Nach der 200. _________ Folge war die Serie zu Ende.

„Na, Chef, heute so sportlich?", erklingt eine Stimme hinter ihm.
„Bestimmt nicht freiwillig!" Der Kommissar dreht sich zu seiner Kollegin Karla Reiss um.
„Worauf müssen wir uns jetzt gefasst machen?", fragt Karla ein wenig ängstlich.
„Schön wird es sicher nicht", antwortet der Kommissar und schnauft.
Karla atmet ebenfalls tief durch. Sie ist noch nicht sehr lange bei der Mordkommission. Den Anblick von Toten ist sie noch nicht gewohnt. Sie fragt sich allerdings, ob sie sich jemals daran gewöhnen wird und ob sie das überhaupt will.
„Hier entlang!" Ein Polizist passt Kolb und Karla an der Tür ab und winkt sie den endlos scheinenden Flur entlang. Erst beim letzten Zimmer des Ganges bleibt er stehen.
Kolb bedankt sich und tritt ein. Das Büro ist nicht nur groß, es ist riesig. An den Wänden hängen in Rahmen eingefasst einige goldene Schallplatten, der Schreibtisch ist aus massivem Holz und der Fußboden mit einem edlen Teppich ausgelegt. Die wenigen Regale im Raum sind nur halb gefüllt. Von der Decke herab hängt ein Schallplattenspieler, durch Stahlseile gehalten, frei schwebend im Raum. Hier liegt auch die Leiche unübersehbar auf dem Boden. Karla verzieht entsetzt den Mund. Man kann dabei zusehen, wie die Farbe aus ihrem Gesicht weicht.

ÜBUNG 3 !

Übung 3: Setzen Sie ein: ***nichts, nicht, kein(e)***!

1. Karla darf das Fenster _____ öffnen.
2. Sie ist in ihrem Beruf _____ Anfängerin.
3. Der Kommissar ist mit seinem Büro _____ zufrieden.
4. Sie wollen ohne Handschuhe _____ anfassen.
5. Die Reinigungskraft steht _____ unter Schock.

„Kein angenehmer Anblick“, stellt Kolb sachlich fest. Er kniet sich vorsichtig an den Rand der schon eingetrockneten Blutlache und zieht aus seiner Jackentasche ein paar Handschuhe. Mühsam quetscht er seine Finger in das Plastik. „Na wunderbar!“, schnaubt der Kommissar. „Blut auf rotem Teppich ...“

„Kann ich das Fenster öffnen?“ Karla geht schon quer durch den Raum.

„Karla! Sie sind doch keine Anfängerin mehr! Nichts am Tatort verändern! Der Rechtsmediziner benötigt für seine Untersuchungen die exakte Zimmertemperatur.“

„Natürlich, natürlich“, antwortet Karla und stützt sich auf den Schreibtisch.

„Handschuhe an!“, zischt der Kommissar und zieht ein weiteres Paar aus seiner Tasche. Er wirft sie in ihre Richtung. Karla zieht sofort ihre Hände von der Tischplatte zurück, als hätte sie sich verbrannt.

Kolb richtet sich wieder auf und schaut sich aufmerksam im Raum um.

„Alles vom Feinsten hier, nicht wahr? Von so einem Büro kann unsereins nur träumen ...“ Abrupt dreht er sich zu dem Polizisten, der immer noch in der Tür lehnt. Dieser sieht ähnlich mitgenommen aus wie Karla. „Wer hat die Leiche gefunden zu so früher Stunde?“

„Die Putzfrau. Sie hat sofort bei uns angerufen.“

„Verstehe. Und wer ist der Tote?“

„Moritz von Reitzenstein“, klärt der Beamte Kolb auf. „Musikproduzent. 51 Jahre alt. Verheiratet.“

„Ist die Reinigungskraft zu sprechen oder steht sie unter Schock? Wenn es möglich ist, holen Sie die Dame bitte her.“

Der Polizist nickt und erscheint wenige Augenblicke später mit einer Frau mittleren Alters. Sie hält die Augen gesenkt und knetet

mit den Händen einen grauen, verknitterten Lappen.
„Seit wann putzen Sie hier schon?“, fragt Kolb freundlich.
„Ein paar Monate“, flüstert die Frau ängstlich.
„Ich habe Sie nicht hergeholt, um sie zu quälen. Ich bitte Sie: Schauen Sie sich diesen Raum sorgfältig an. Vermissen Sie einen Gegenstand? Etwas, das Sie sonst abgestaubt haben? Oder das immer herumlag?“
Die Putzfrau lässt den Lappen sinken und betritt mit vorsichtigen Schritten das Zimmer. Sie schaudert, als sie den Toten sieht. Dann schaut sie sich suchend um. Plötzlich geht sie zielstrebig zum Schreibtisch und zeigt auf eine Stelle neben dem Computer.
„Hier lag immer so ein dicker Stein“, sagt sie bestimmt. „Etwas größer als so.“ Die Frau formt die Hand zu einer Faust. „Da lagen manchmal Briefe und Zettel drunter. Der ist nicht mehr da.“
„Sie haben uns sehr geholfen!“ Kolb nickt.
Auf dem Weg nach unten treffen Kolb und Karla auf den Rechtsmediziner Dr. Neubacher.
„Ich erwarte ...“, setzt Kolb an.
„Ihren Bericht bis spätestens morgen früh“, beendet Dr. Neubacher den Satz und grinst.

ÜBUNG 4!

Übung 4: Setzen Sie die Verben ins Präteritum und ins Perfekt!

Präsens, 3. Pers. Sg.	Präteritum	Perfekt
1. wickelt	______	______
2. steht	______	______
3. sieht	______	______
4. läuft	______	______
5. schätzt	______	______
6. irrt	______	______
7. ist	______	______

Sarah von Reitzenstein wickelt sich ihren breiten Schal enger um den Hals. Sie steht neben der Kaffeemaschine und sieht zu, wie der Kaffee in einem dünnen Strahl in die Kanne läuft. Kolb schätzt die junge Witwe auf unter vierzig Jahre. Aber vielleicht irrt er sich auch. Sarah von Reitzenstein ist jedenfalls eine attraktive Frau.
„Moritz und ich leben schon seit einiger Zeit getrennt", berichtet sie. Sie sieht zu Kolb und seiner Kollegin hinüber und lächelt gequält. „Aber ich kann Ihnen gerne alles erzählen, was ich weiß."
„Ich bitte darum." Kolb ist froh, dass Frau von Reitzenstein die Todesbotschaft sehr gefasst aufnimmt. Er weiß: Manche Menschen benötigen manchmal sogar Monate, bis sie die Nachricht vom Tod eines Menschen wirklich begreifen. Es erleichtert seine Arbeit ungemein, wenn er an solch geartete Persönlichkeiten gerät, wie Frau von Reitzenstein eine zu sein scheint. So kann er ein ganz normales Verhör führen. Da ist er ganz pragmatisch.
„Moritz war gerade in einer schwierigen Phase." Sarah von Reitzenstein gießt sich und ihren Gästen Kaffee ein und setzt sich. „Wie Sie vielleicht wissen, ist ... war Moritz ein sehr erfolgreicher Musikproduzent. Zusammen mit seinem Partner Egon Litti hat er Songs von Weltformat produziert. *You will hate me* zum Beispiel, das war sein zweiter großer Hit mit Molly Moon. Oder *Take me somewhere*. Den Song kennen Sie doch, oder?"
„Das tut jetzt nichts zur Sache", antwortet Kolb schnell.
Karla wirft dem Kommissar einen Blick zu und grinst breit. „Erzählen Sie einfach weiter, Frau von Reitzenstein. Mein Chef ist musikalisch gesehen eine Null."
„Wer Musik nicht versteht, wird auch niemals seine Seele verstehen." Frau von Reitzenstein betrachtet Kolb mitleidig. Der zuckt nur gelangweilt mit den Schultern. „Na ja", sagt sie spöttisch, „der Unwissende lebt manchmal glücklicher, nicht wahr?" Karla verschluckt sich, springt auf und prustet den Kaffee in das Wasch-

becken. Kolb verdreht die Augen, doch Frau von Reitzenstein fährt ungerührt fort: „Jedenfalls haben sich Egon und Moritz vor einigen Monaten zerstritten. Sie wollten daraufhin getrennte Wege gehen. Aber wie das so ist. Wenn man so eng zusammengearbeitet hat wie Moritz und Egon ... das ist wie in einer Ehe. Bei der Trennung gibt es immer nur noch mehr Streit."

ÜBUNG 5 !

Übung 5: Bestimmter oder unbestimmter Artikel? Setzen Sie ein!

1. Moritz war gerade in ________ schwierigen Phase.
2. Kolb will wissen, was ________ Auslöser für die Trennung war.
3. Er fragt auch nach ________ Geld.
4. Moritz war ________ erfolgreicher Musikproduzent.
5. Ihre Gesichtszüge verwandeln sich in ________ Grimasse.
6. Kolb dankt ihr für ________ Gespräch.

„Was war denn der Auslöser für die Trennung?", fragt Kolb.
„Was meinen Sie jetzt genau? Meine Ehe oder die Zusammenarbeit von Moritz und Egon?"
„Ich meine beides", antwortet Kolb.
„Nun, Moritz hatte ein Verhältnis mit Laura, der Frau von Egon. Egon und ich waren geschockt. Ich konnte nicht mehr mit Moritz zusammenleben. Und Egon konnte nicht mehr mit Moritz zusammenarbeiten. Wir konnten ihm beide nicht verzeihen. Ja, so war das."
„Verstehe." Kolb streicht sich mit einem Finger über die Nase. Das macht er immer, wenn er scharf nachdenkt. „Worüber haben sich denn Egon Litti und Moritz von Reitzenstein zuletzt gestritten? Sie haben gerade angedeutet, dass es Probleme bei der Auflösung der Zusammenarbeit gab."
„Besonders gestritten haben sie sich um eine Künstlerin: Molly Moon. Mit ihr sind Moritz und Egon überhaupt erst so erfolgreich

geworden. Moritz und Egon haben den ersten großen Hit von ihr produziert. *Helplessness* heißt der Song. Den Song müssen Sie aber kennen! Nein? Wirklich nicht? Jedenfalls wollten beide nach dem großen Bruch weiterhin mit dieser Frau zusammenarbeiten. In den letzten Wochen bedrängten Moritz und Egon diese Molly Moon. Jeder wollte sie für sich haben. Sie ist zwar eine dumme Kuh, aber eben auch ein wahrer Goldesel. Egon und Moritz stritten sich um sie wie ein Ehepaar um das Sorgerecht seines Kindes."
„Sind Sie noch verheiratet mit Moritz von Reitzenstein oder sind Sie schon geschieden?", fragt Kolb unvermittelt.
Sarah von Reitzenstein lächelt böse. „Sie wollen wohl wissen, wer sein Geld erbt? Das kann ich Ihnen sagen: Ich natürlich. Und das habe ich auch verdient. Dieses miese Schwein!" Die sanften, schönen Gesichtszüge der Frau verwandeln sich von einem Moment zum anderen in eine hasserfüllte Grimasse. „Was wollen Sie noch alles wissen? Ob ich Mordgedanken hatte nach der Trennung? Oh ja! Die hatte ich! Da können Sie Gift drauf nehmen!" Sarah von Reitzenstein reißt die Hände vor das Gesicht und schluchzt.
„Danke für das offene Gespräch." Kolb erhebt sich ächzend. „Noch ein paar Formalien, dann sind Sie uns los."

Übung 6: Machen Sie mithilfe des Wortes in Klammern aus zwei Sätzen einen!

1. Die Frau hat sich von ihrem Mann getrennt. Er hat sie betrogen. (denn) ____

____

2. Egon und Moritz haben gestritten. Sie wollten beide mit der Sängerin zusammenarbeiten. (weil) ______________________

____

3. Seine Frau meint: Sie hat das Erbe verdient. (dass)__________

____

4. Ihr Mann wurde ermordet. Sie ist verdächtig. (also) ________

____

„*Can't you see my helplessness? No, I guess, you'll see less and less ...*", singt Karla laut im Auto. „Kennen Sie den Song wirklich nicht, Chef?"
„Wenn *Sie* singen, erkenne ich noch nicht einmal *Hänschen klein*", brummt Kolb und Karla verstummt beleidigt. „Wir sollten lieber überlegen, was wir bisher haben. Ein Mann wurde ermordet. Wahrscheinlich mit einem steinernen Briefbeschwerer. Das wirkt auf mich wie eine eher unüberlegte Tat. Wahrscheinlich hat der Täter in Wut gehandelt. Aber das werden wir noch herausbekommen. Momentan haben wir jedenfalls schon zwei Hauptverdächtige: von Reitzensteins ehemaligen Partner Egon Litti, mit dem er sich in der letzten Zeit ständig gestritten hat. Und seine Ehefrau, die er betrogen hat. Das ist doch schon mal was!"
„Ich glaube nicht, dass es Frau von Reitzenstein war", überlegt Karla. „Dafür war sie viel zu ehrlich."
„Oder sie will ehrlich wirken."
„Ja. Kann auch sein." Karla streicht sich eine Strähne hinter das Ohr. „Jedenfalls bin ich auf das Gespräch mit Egon Litti gespannt."
Kolb parkt den Wagen vor einer gelben Villa.
„Da wirst du nicht lange warten müssen", bemerkt er. „Wir sind schon da."
Als der Kommissar und seine Kollegin aus dem Wagen steigen, steht Egon Litti schon mit verschränkten Armen vor seiner Haustür. Er nickt kurz und verschwindet im Flur. Kolb und Karla wechseln einen Blick und folgen ihm.

„Manieren gibt es eben nicht zu kaufen", flüstert der Kommissar seiner Kollegin zu.
„Was wollen Sie von mir wissen?", fragt Egon Litti, als die beiden ihn im Wohnzimmer wiederfinden. „Ich habe es gerade erst erfahren. Moritz ist tot. Es ist einfach grässlich."
„Mein herzliches Beileid", sagt Kolb förmlich und lässt sich, ohne um Erlaubnis zu bitten, auf dem großen Sofa nieder. Karla schüttelt missbilligend den Kopf.
„Danke", erwidert Herr Litti zerstreut und gießt sich an der Hausbar ein Getränk ein. „Wie kann ich Ihnen helfen?"
„Wann haben Sie Herrn von Reitzenstein das letzte Mal gesehen?"
„Gestern." Egon Litti dreht sich mit seinem Glas zu dem Kommissar um und sieht ihm direkt ins Gesicht. „Es war keine schöne Sache. Eigentlich eine private Angelegenheit ..."
„Ein Mann wurde ermordet", entgegnet Kolb ungeduldig. „Da gibt es keine privaten Angelegenheiten mehr."
„Selbstverständlich. Sie haben recht. Also, wie Sie vielleicht schon erfahren haben, lösten wir gerade unser Geschäftsverhältnis auf."
„Und Ihre Freundschaft ebenfalls", wirft Karla ein. Diesmal schüttelt Kolb den Kopf und Karla wird rot.
„Es stimmt, wir haben uns in letzter Zeit nicht besonders gut verstanden." Egon Litti leert sein Glas in einem Zug. „Aber im Grunde war es letztendlich seine Schuld! Schließlich hat er *mich* mit *meiner* Frau betrogen! Da muss er eben auch mit den Konsequenzen rechnen!"

Übung 7: Setzen Sie den richtigen bestimmten Artikel in die Lücken ein!

1. Die Kekse liegen in _____ Schale.
2. Die Schale steht auf _____ Wohnzimmertisch.

3. Er hat die Sängerin vor _____ Tür gesetzt.
4. Sie hängt ihren Pelzmantel in _____ Schrank.
5. Kolb sitzt auf _____ großen Sofa.
6. Egon stellt sein Glas auf _____ Bar.
7. Er legt eine CD in _____ CD-Player.

„Interessant! ‚Konsequenzen‘, sagten Sie? Was genau ist denn gestern vorgefallen?“, fragt Kolb.
„Ich war im Studio mit Molly Moon und ein paar Studiomusikern. Wir spielten gerade ihre neue Platte ein. Wir haben sehr intensiv daran gearbeitet. Plötzlich kam Moritz herein. Er brüllte und tobte. Es war einfach unglaublich.“ Egon Litti geht wieder zur Bar und gießt sich ein neues Glas ein. „Warum ist das verdammte Eis nur schon wieder aus?“, murmelt er leise.
„Und warum brüllte er gestern im Studio? Was war der Auslöser?“ Kolb greift nach einem Keks in der Schale vor ihm auf dem Wohnzimmertisch und Karla seufzt leise.
„Er wollte meine Arbeit mit Molly Moon unterbinden. Er sagte: ‚Molly, die nächste Platte machst du mit mir und nicht mit Egon. Du weißt, dass ich der bessere Produzent bin.‘ Aber Molly antwortete sehr ruhig: ‚Nein, Moritz, ich werde ab jetzt nur noch mit Egon zusammenarbeiten.‘ Da ist er ausgerastet. Er hat geschrien und getobt. Er wollte es nicht glauben! Schließlich habe ich ihn mithilfe einiger Studiomusiker vor die Tür gesetzt. Er war völlig außer sich!“
„Warum hat Molly sich eigentlich für eine Zusammenarbeit mit Ihnen entschieden?“, fragt Karla interessiert. Diese Frage beschäftigt sie tatsächlich.
„Das müssen sie Molly selbst fragen.“ Egon Litti lächelt schief. „Ich kann da nur Mutmaßungen anstellen. Wahrscheinlich findet sie mich sympathischer als meinen ehemaligen Partner. Nebenbei

bemerkt, war er nicht sehr beliebt bei seinen Mitmenschen. Er war hochnäsig, eitel und schnell aus der Fassung zu bringen. Molly kannte ihn gut. Warum sollte sie weiter mit einem solchen Idioten zusammenarbeiten? Immerhin war *ich* es, der Molly vor Jahren entdeckte! *Mir* hat sie alles zu verdanken! Moritz war ein hervorragender Produzent, aber er war gleichzeitig auch ein schwieriger Mensch.“ Egon Litti hebt das Glas zum Mund, doch dann setzt er es wieder ab. Mit einem frechen Grinsen fügt er hinzu: „Natürlich kann Mollys Entschluss auch einfach an dem Pelzmantel gelegen haben, den ich ihr vor einigen Tagen geschenkt habe. Außerdem habe ich ihr vertragliche Konditionen angeboten, die der geizige Moritz ihr bestimmt nicht bieten wollte.“

„Sie haben Molly also bestochen“, stellt der Kommissar nüchtern fest.

„Bestochen?“ Egon Litti lacht laut auf. „Aber Herr Kommissar! Das wäre doch eine Straftat! Nein, ich habe ihr nur das gegeben, was ihr zusteht. Sie ist eine hervorragende Künstlerin und das beste Pferd in unserem Stall, wie man so sagt, nicht wahr. Das muss doch auch einmal honoriert werden!“

„Verstehe“, sagt Kolb und streicht sich mit einem Finger über die Nase. Nur mit Mühe kann er sich wieder aus dem Sofa erheben, in das er während des Gespräches immer tiefer hineingesunken ist.

„Und danach haben Sie sich nicht mehr gesehen?“, fragt Kolb.

„Nein“, gibt Litti knapp zur Antwort.

„Hmm“, brummt Kolb. „Bitte halten Sie sich weiterhin zu unserer Verfügung.“

ÜBUNG 8 !

Übung 8: Setzen Sie die Modalverben ins Präteritum!

1. wir müssen	__________	4. ihr sollt	__________
2. ich will	__________	5. sie will	__________
3. er kann	__________	6. wir können	__________

7. ihr dürft ________
8. du willst ________
9. er muss ________
10. ich darf ________
11. sie sollen ________
12. ihr könnt ________

„Uns wird wohl nichts anderes übrig bleiben: Wir müssen uns noch diese Molly Moon anschauen.“ Kolb klingt nicht gerade begeistert. Karla dagegen klatscht vor Freude in die Hände.
„Molly Moon! Ich glaube, ich spinne! Chef, da will ich aber unbedingt dabei sein!“
„Was ist denn mit Ihnen los, Karla?“, wundert sich Kolb. „Sind Sie etwa ein Fan von dieser Molly Moon?“
„Na ja ...“ Karla räuspert sich verlegen. „Irgendwie schon. Ein bisschen jedenfalls. Der Song *Helplessness* ist einfach spitze!“
„Ich kann nicht verstehen, was Menschen an Popmusik gut finden können.“ Kolb tippt sich mit einem Finger an die Stirn. „Jemand trällert ein Liedchen von drei Minuten und die Welt steht kopf! Das ist doch lächerlich!“
„Das kann nur jemand sagen, der keine Ahnung von Musik hat. Sie besitzen eben nicht den Hauch einer Seele, Chef! Frau von Reitzenstein hat schon recht!“ Karla dreht sich empört zur Seite und sieht aus dem Fenster des fahrenden Autos.
„Frau von Reitzenstein hat nicht gesagt, dass ich keine Seele habe, sondern dass ich meine Seele nicht verstehe. Das ist ein kleiner, aber feiner Unterschied!“
„Phhh“, lässt Karla hören und schweigt dann bis zur Ankunft im Kriminalamt, während Kolb über das Autotelefon einige Aufgaben an seine Kollegen verteilt.
Wenig später sitzt Kolb schlecht gelaunt bei einer Tasse Kaffee in seinem Büro.
„So, so, um 18.00 Uhr will uns die Dame empfangen. Mir kommen gleich die Tränen vor Rührung.“ Der Kommissar klappert

wütend mit dem Löffel durch die braune Brühe und sieht seinen Kollegen Rudi scharf an. „Haben Sie dieser Trällerliese auch gesagt, dass es um einen Mordfall geht? Was denkt sich die blöde Pute überhaupt? Es ist wirklich zum Verzweifeln! Und Sie haben dieser Künstlerin – so schimpft sie sich doch? – wahrscheinlich noch Honig um den Mund geschmiert. Ihr jungen Leute seid doch alle gleich. Kaum handelt es sich um eine Prominente, geht ihr vor Ehrfurcht auf die Knie. Aber gut, was haben wir sonst noch?"
„Die Studiomusiker haben die Aussagen von Egon Litti bestätigt. Dieser von Reitzenstein muss wirklich einen starken Auftritt gehabt haben in diesem Studio. Wir haben weiterhin herausgefunden, dass er nach dem Streit in sein Hotel gefahren ist. Er wohnte dort schon seit einigen Wochen. In einem kurzen Gespräch mit dem Hotelbesitzer erwähnte er, dass er noch schnell zur Bank fahren müsse. Dort haben sie gesagt, dass er sein persönliches Schließfach aufgesucht habe. Danach ist er vielleicht direkt in sein Büro gefahren. Das muss dann etwa um 18.30 Uhr gewesen sein."
Der junge Beamte sieht seinen Chef ein wenig ängstlich an.
„Aha! Danke, Rudi." Kolb sieht eine Spur zufriedener aus und sein Kollege atmet hörbar auf.

Übung 9: Ist das Verb trennbar (j) oder nicht (n)?

1. aufatmen ( ) 2. erwähnen ( ) 3. vorkommen ( )
4. einschlafen ( ) 5. vorstellen ( ) 6. durchsuchen ( )
7. erzählen ( ) 8. verschwinden ( ) 9. bekommen ( )
10. umbringen ( ) 11. unterstreichen ( )

„Ein Schließfach bei der Bank, sagten Sie? Das scheint mir sehr spannend. Was er da wohl alles sammelte?" Der Kommissar nimmt einen Schluck Kaffee und verzieht das Gesicht. „Gut. Jetzt laden

Sie bitte für morgen die Studiomusiker ein und auch die Frau von diesem Litti ... ja, und bekommen Sie alles heraus, was es mit dieser Produktionsfirma auf sich hat. Alle Zahlen, alle Daten, alle Vorkommnisse, die Ihnen irgendwie bemerkenswert vorkommen. Hatte von Reitzenstein neben Egon Litti noch andere Feinde? Was hatte er für Geschäftsbeziehungen? Durchsuchen Sie von Reitzensteins Wohnung und sein Hotelzimmer. Vielleicht finden wir etwas, das uns weiterbringt.“ Der Kommissar gähnt. „Das war alles.“
Rudi verschwindet und Kolb sieht ihm nachdenklich hinterher. Dann lässt er seinen Kopf sinken und schläft auf der Stelle ein.

Molly Moon ist genau so, wie Kolb sie sich vorgestellt hat. Sie ist um die dreißig, geschminkt wie ein Pfingstochse, trägt bei diesen frischen Temperaturen ein bauchfreies Top und ihre Haare stehen ihr in wilden Büscheln vom Kopf ab: hübsch auf irgendeine uninteressante Weise, nichts Besonderes eben.
„Frau Moon, beruhigen Sie sich“, sagt Kolb hilflos und reicht der Dame ein Taschentuch.
„Sie wissen ja gar nicht ... es ist ... ach, es ist einfach scheußlich!“, jammert Molly und schnäuzt sich lautstark.
Kommissar Kolb ist derartige Zusammenbrüche gewohnt. Langsam gewöhnt er sich auch an den Anblick von großen Villen, wie er feststellt. Ungeniert tritt er in die große Eingangshalle, die mit Marmor und vergoldeten Säulen geschmückt ist. Jedenfalls denkt Kolb, dass sie vergoldet sind.
„Frau Moon, was können Sie uns zu Moritz von Reitzenstein erzählen? Es gab ja in der letzten Zeit gewisse, nun ja, Differenzen, nicht wahr?“
„Das ist richtig, Herr Kommissar, das ist richtig!“ Molly Moon geleitet Kolb und Karla mit einer Handbewegung in die Küche. Sie setzen sich alle auf Barhocker, die an einer großen Theke stehen.

„Egon und Moritz waren meine besten Freunde, wissen Sie?“, fährt Molly Moon fort. „Und ihr Streit hat mich sehr berührt. Ich hatte sie beide sehr gern und ich verdanke ihnen alles. Alles, verstehen Sie?“

Übung 10: Welche Wörter gehören zusammen? Ergänzen Sie auch die Artikel!

1. Hand	a. Maschine	______________
2. Telefon	b. Temperatur	______________
3. Immobilien	c. Mantel	______________
4. Bar	d. Gesellschaft	______________
5. Studio	e. Bewegung	______________
6. Kaffee	f. Makler	______________
7. Pelz	g. Hocker	______________
8. Zimmer	h. Aufnahmen	______________

Mit einer ausladenden Armbewegung unterstreicht sie ihre Aussage.
„Wir verstehen“, sagt Karla gutmütig.
Der Kommissar sieht beruhigt zu seiner Kollegin. „Immerhin hat sie nicht sofort angefangen zu kreischen, als sie Molly Moon sah. Es gibt also noch Hoffnung für ihren Verstand“, denkt Kolb.
„Jedenfalls kam es gestern zu diesem schrecklichen Streit. Ich wollte mit Egon weiterarbeiten. Das war eine schwere Entscheidung, aber ich habe sie getroffen. Es fiel mir nicht leicht. Moritz hat meinen Entschluss anscheinend nicht wirklich verstehen können.“
„Das stimmt wohl“, meint Kolb und nickt. „Wie wir vor ein paar Minuten von unseren Kollegen und der Telefongesellschaft erfahren haben, hat er Sie nach seinem Besuch im Studio ein paar Mal angerufen?“

Molly Moon nickt. „Er wollte unbedingt mit mir sprechen. Bestimmt wollte er mich umstimmen. Ich weiß es nicht. Ich bin nicht darauf eingegangen. Wissen Sie, wenn ich einmal einen Entschluss fasse, dann halte ich auch daran fest. So ist das eben bei mir."

„Was haben Sie denn nach den Studioaufnahmen gemacht?"

„Die Aufnahmen gingen noch recht lange. Danach hatte ich einen Termin mit meinem Immobilienmakler, Herrn Täuber. Den können Sie gerne fragen. Er wird meine Aussagen bestätigen. Wissen Sie, ich suche nun schon seit mindestens einem Jahr eine neue Bleibe. Es ist sehr schwierig, in dieser Stadt etwas Geeignetes zu finden."

„Ich danke Ihnen, Frau Moon, wir werden Sie mit Sicherheit noch einmal für einige Fragen brauchen."

„Aber sicher, Herr Kommissar!" Molly Moon lässt wieder ihre Büschel fliegen und wischt sich eine Träne von der Wange.

Übung 11: Ist die Adjektivendung richtig (r) oder falsch (f)? Korrigieren Sie die Fehler!

1. Danach hatte ich einen wichtigen Termin. ( )
2. Er schweigt für einen kurzer Moment. ( )
3. Der Mörder war sehr kaltblütiger. ( )
4. Sie mussten einen klaren Kopf bewahren. ( )
5. Molly hatte wilden Haare. ( )
6. Sie setzen sich an eine große Theke. ( )
7. Die Frage ist sehr interessante. ( )
8. An besagten Abend hat keiner etwas gesehen. ( )

Der nächste Tag bringt den Kommissar gehörig ins Schwitzen. Nun prasseln die Informationen nur so auf ihn ein. Einer nach dem anderen tritt in sein Büro und berichtet über seine Nachforschungen. Nur

mit Mühe kann der Kommissar einen klaren Kopf bewahren.
„Der Tod ist etwa um 23.00 Uhr eingetreten“, berichtet Dr. Neubacher. „Aber wir stecken noch mitten in der Analyse. Das wird einige Tage dauern.“
„Wie meinen Sie das?“, schnauzt Kolb den Rechtsmediziner an. „War er nun um 23.00 Uhr tot oder nicht?“
„Das schon.“ Dr. Neubacher streicht sich über das Kinn und schweigt für einen kurzen Moment. Kolb trommelt mit den Fingern auf seinen Schreibtisch, doch der Arzt lässt sich von dem Kommissar wie gewöhnlich nicht aus der Ruhe bringen. „Die Wunde am Kopf ist äußerst schwerwiegend gewesen, aber sie war nicht tödlich. Von Reitzenstein war mit Sicherheit bewusstlos. Der Täter hat dann aber noch einen spitzen, langen Gegenstand in den Nacken eingeführt“, er deutet mit einer Hand an seinen Kragen, „und damit den Tod verursacht. Da wollte jemand auf Nummer sicher gehen.“
„Ah!“ Kolb schlägt mit der Faust auf den Tisch und Dr. Neubacher zuckt zusammen. „Der Täter hat also nicht aus plötzlicher Wut heraus gehandelt. Stellen wir uns vor, jemand ist in Rage und wirft einen Briefbeschwerer an den Kopf seines Feindes. Wer ist danach noch so kaltblütig und ersticht das Opfer zusätzlich?“
„Nur jemand, der wirklich an dem Tod seines Widersachers interessiert ist“, überlegt der Rechtsmediziner.
„Absolut richtig.“ Kolb trommelt wieder mit den Fingern auf den Schreibtisch.
„Na ja, das Schmieden von Theorien überlasse ich Ihnen, Herr Kommissar“, sagt Dr. Neubacher und geht zur Tür. „Ich halte mich an die Fakten. Und an dieser Stelle ist noch einiges zu tun.“
„Tun Sie, tun Sie“, murmelt Kolb und streicht sich mit einem Finger über die Nase. Kaum hat der Rechtsmediziner das Zimmer verlassen, ruft er Karla zu sich herein.

„Alibis überprüfen! Was ist eigentlich mit der Frau vom Litti?“, poltert er.
„Sie ist seit Wochen auf den Bahamas und kommt erst morgen wieder zurück“, weiß Karla zu berichten.
„Ein Problem weniger“, meint Kolb. „Also überprüfen Sie jetzt bitte die Alibis von Egon Litti, Frau von Reitzenstein und Molly Moon in der Zeit zwischen halb zehn und zwölf Uhr nachts. Und bei sonst allen Menschen, die auf irgendeine Weise in Kontakt mit Moritz von Reitzenstein standen.“ Bevor Karla ihm antworten kann, wedelt Kolb sie mit beiden Händen aus der Tür hinaus. „Husch, husch!“
Kaum hat Kolb wieder Platz genommen, betritt Rudi das Zimmer.
„Was gibt es?“, fragt Kolb.
„Ich habe schon einiges herausgefunden“, meint der junge Kollege stolz. „An besagtem Abend hat keiner etwas in dem Büro gesehen und gehört. Es war niemand mehr am Arbeiten. Nur in der zweiten Etage waren noch ein paar Leute da, aber die haben nichts mitbekommen.“
„Bestens, Rudi, bestens. Hat einfach Klasse, Ihre Recherche“, meint Kolb ironisch. „Nun wissen wir wenigstens, dass wir nichts wissen.“
„Moritz von Reitzenstein war ein tüchtiger Geschäftsmann, hatte bei niemandem Schulden und bezahlte seine Angestellten recht ordentlich und pünktlich“, fährt Rudi etwas unsicher fort. „Er war in der Branche sehr angesehen und er hatte den Ruf eines sehr erfolgreichen Produzenten.“
„Erzählen Sie mir etwas, das ich noch nicht weiß“, brummt Kolb.
„Vor einigen Jahren gab es mal einen kleinen Vorfall. Ein Studiomusiker hatte wegen der Urheberrechte auf einen Song gegen die Produktionsgesellschaft geklagt. Der Streitpunkt: Der Musiker wollte als Komponist an den Gewinnen des Hits beteiligt werden.

Allerdings wurde die Klage wegen Mangels an Beweisen abgelehnt."

„Lassen Sie mich raten: Es ging um ein Lied mit dem Titel *Helplessness*.

„Das stimmt!", staunt Rudi.

„Von Molly Moon", ergänzt der Kommissar und beginnt: „*Can't you see my helplessness, no I guess, you'll see less and less ...*"

Übung 12: Setzen Sie die Verben an der richtigen Stelle ein!
(holt, denkt, wissen, überraschen, will, lassen, verstehen, tritt, bekommt, setzt)

„Chef, Sie 1. ___________ mich! Absolut richtig! Der Song ist von Molly Moon. Sie 2. ___________ aber was von Musik!"
Kolb lächelt überlegen. „Ach 3. ________________ Sie, Rudi, wer Musik nicht versteht, versteht auch seine Seele nicht. Und nun 4. __________ Sie mich in Ruhe nachdenken. Und bekommen Sie bitte noch mehr über diese Geschichte heraus."
„Das ist doch sehr spannend", 5. ____________ Kolb, als er allein ist, und 6. ____________ an das Fenster. „Moritz von Reitzenstein ist wütend. Molly Moon 7. ____________ nicht mehr mit ihm zusammenarbeiten. Er 8. ____________ im Studio einen Wutanfall. Dann 9. __________ er etwas aus seinem Schließfach bei der Bank. Was mag das wohl gewesen sein? Vielleicht etwas, das Egon Litti gehörig unter Druck 10. ____________. Oder auch Molly Moon. Vielleicht hatte er irgendetwas gegen sie in der Hand."

Seine Gedanken werden durch das Erscheinen Lerchingers von der Spurensicherung unterbrochen.
„Kolb! Wir haben da was!" Der Kriminaltechniker stürzt freudestrahlend in das Büro des Kommissars.

„Hmm?“ Kolb sieht weiterhin auf den Parkplatz des Kriminalamts hinunter. Karla steigt gerade in ihren Wagen und fährt davon.
„Wir haben eine Fußspur gefunden!“, setzt Lerchinger erneut an.
„Eine Fußspur?“ Die Nachricht erscheint dem Kommissar vielversprechend. Er dreht sich zu dem Kollegen um.
„So ist es. Anscheinend ist der Täter in die Blutlache getreten. Auf dem roten Teppich hat er das aber nicht sehen können. Wir haben jedenfalls eine Fußspur aus Blut zum größten Teil sichern können. Es handelt sich um einen sportlichen Schuh mit Rillen, etwa Schuhgröße 43. Eher größer als kleiner.“
„Also von einem Mann ...“
„Höchstwahrscheinlich. Ja.“
„Gut gemacht!“, freut sich Kolb. „Sichern Sie außerdem alle Spuren im Treppenhaus des Bürogebäudes. Der Aufzug war am Tag nach dem Mord defekt. Bekommen Sie heraus, wann genau der Aufzug kaputtgegangen ist. Das ist eigentlich nicht Ihre Aufgabe. Machen Sie es trotzdem.“
Kolb zwingt sich zu einem aufmunternden Lächeln und sieht wieder aus dem Fenster.

Während Kolb im Büro seinen Gedanken nachhängt, ist Karla auf dem Weg zu Egon Litti. Nach Ansicht seiner Sekretärin sollte er in seinem Studio sein. Tatsächlich blinkt Karla ein rotes Schild mit der Aufschrift „Vorsicht Aufnahme“ über der Tür zum Aufnahmestudio entgegen.
„Was würde Kolb jetzt an meiner Stelle machen?“, fragt sich Karla und sieht auf die Uhr. „Warten?“ Sie schüttelt den Kopf. „Oh nein, bestimmt nicht.“
Also öffnet sie mit einem Ruck die Tür. Sie gibt leichter nach als gedacht und knallt mit voller Wucht gegen die Wand. Die Musik hinter der Glaswand bricht augenblicklich ab.

Übung 13: Setzen Sie die Imperative in die 2. Person Singular (Du) und Plural (Ihr)

Sie	Du	Ihr
1. Sichern Sie!	____________	____________
2. Kommen Sie!	____________	____________
3. Machen Sie!	____________	____________
4. Fragen Sie!	____________	____________
5. Zeigen Sie!	____________	____________
6. Hören Sie auf!	____________	____________

„Können Sie nicht lesen?“, brüllt Egon Litti und reißt sich die Kopfhörer von den Ohren. „Wir arbeiten hier!“
„Ich arbeite auch hier“, entgegnet Karla finster. „Wo waren Sie vorgestern Abend zwischen 21.30 Uhr und Mitternacht?“
„Ach du meine Güte“, stöhnt Litti. „Wollen Sie mich etwa verhaften?“
„Noch nicht“, sagt Karla und lächelt.
„Vorgestern Abend ...“ Egon Litti legt seinen Kopf in den Nacken und überlegt kurz. Dann dreht er sich auf seinem Stuhl um und drückt einen kleinen Knopf auf dem riesigen Schaltpult. „Poldi! Wo war ich vorgestern Abend?“
„Vorgestern?“ Einer der Musiker kratzt sich am Kopf und tritt näher an das Mikrofon. „Woher soll ich das denn wissen, du Blödmann? Ach stimmt, warte, wir waren doch hier! Und haben Aufnahmen gemacht. Weißt du das nicht mehr, du alter Knacker?“
Egon Litti dreht sich auf seinem Stuhl zu Karla und lacht.
„Wann?“, fragt sie, ohne eine Miene zu verziehen.
Wieder drückt der Produzent auf den Knopf. „Wann?“
„Keine Ahnung, Mann“, tönt die Stimme über Lautsprecher. „Angefangen haben wir um sechs und aufgehört ... was weiß ich ... es war so halb elf oder elf, oder?“

„Also was nun! Elf oder halb elf?“ Karla seufzt.
„Ich war um Punkt elf Uhr zu Hause“, antwortet Egon Litti. „Fragen Sie die Nachbarn!“
„Sie haben keine Nachbarn, Herr Litti! Ihr Haus steht auf einem riesigen, eingemauerten Grundstück!“
„Ach ja! Stimmt!“ Egon Litti grinst. „Ich bin reich, ich sehe gut aus und ich habe viel Spaß. Denken Sie, dass ich das alles aufs Spiel setze, indem ich einen Idioten umbringe?“
„Ich denke, dass Sie eine Spur zu selbstsicher sind, Herr Litti“, antwortet Karla. „Vor allem, was Ihre äußerlichen Qualitäten angeht“, fügt sie noch mit einem Lächeln hinzu.

Übung 14: Lesen Sie weiter und beantworten Sie die Fragen!

1. Wo war Frau von Reitzenstein am fraglichen Abend?

___

2. Wer befragt sie?

___

3. Was hat sie mit dem Mann gemacht?

___

4. Wie fand sie den Mann?

___

Frau von Reitzenstein dagegen scheint beinahe erfreut über die Nachfrage nach ihrem Aufenthaltsort am fraglichen Abend.
„Herrlich, ganz herrlich war es“, trällert sie, „eine unvergessliche Nacht! Die Oper ist ja immer ein besonderes Vergnügen, nicht

wahr? Um acht ging es los, die Eintrittskarte kann ich Ihnen gerne zeigen … Diese Musik … danach war ich noch in dieser lustigen Bar … ‚Trikolore', so ist der Name … und der Mann, mit dem ich geknutscht habe, ach, der war einfach zum Anbeißen süß!" In Erinnerung an dieses Erlebnis klappert Frau von Reitzenstein theatralisch mit ihren langen Wimpern. „Wissen Sie, es war so eine Art Rachefeldzug gegen meinen treulosen Ehemann an diesem Abend", erklärt sie Karla. „Ich wusste ja nicht, dass Moritz genau um diese Zeit in der gleichen Nacht ermordet wird … Der Gedanke ist doch seltsam, nicht wahr? Ich wurde vom Pfeil der Liebe getroffen und er vom Pfeil des Todes. Sagt man das so? Ich sehe es jedenfalls als einen Wink des Schicksals."
Karla macht sich nicht die Mühe, über Verwicklungen dieser Art nachzudenken. Aber sie recherchiert, dass tatsächlich ein angesehener Möbeldesigner mit Frau von Reitzenstein eng umschlungen in der Edelkneipe ‚Trikolore' bis in die frühen Morgenstunden gesehen worden ist.

Übung 15: Setzen Sie die Possessivpronomen in der richtigen Form ein!

ÜBUNG 15 !

1. Karla fährt mit (ihr) ________ Auto zu den Verhören.
2. Ich habe in (mein) ________ Job viel zu tun.
3. Karla unterbricht (sein) ________ Ausführungen.
4. Sie wollte (ihr) ________ Ruhe.
5. Er beendet (sein) ________ Telefonat.
6. Molly erzählt (ihr) ________ Freund sehr viel.
7. Sind das (euer) ________ Alibis?

Karlas letzter Besuch gilt dem Immobilienmakler Täuber. Nach Aussagen von Molly Moon hatten sie sich um acht Uhr abends in dem Restaurant „Chateau Noir“ verabredet und waren dann von dort noch gemeinsam nach Hause gegangen. Dies will Karla nun bestätigt wissen. Herr Täuber telefoniert gerade, als Karla in das großzügige Büro eintritt. An den Wänden hängen Bilder wunderschöner Häuser und Anlagen. Es finden sich aber auch Pläne ganz gewöhnlicher Mietshäuser oder Appartements.

„Wie kann ich Ihnen helfen?“, fragt Täuber, als er das Telefonat beendet hat.

„Karla Reiss, Kripo Hamburg“, stellt sich Karla vor und erklärt dem Immobilienmakler ihr Anliegen.

„Molly und ich waren an diesem Abend gemeinsam unterwegs“, bestätigt Herr Täuber die Aussage der Sängerin. „Eine ganz üble Geschichte. Der arme von Reitzenstein. Molly hat mir viel von ihm erzählt. Molly erzählt mir überhaupt sehr viel. Wissen Sie, in meinem Job habe ich eine Menge mit Prominenten zu tun. Es sind meist sehr einsame Menschen, auf der ewigen Suche nach Liebe. Molly ist eine zarte Seele. Ich schätze sie mittlerweile nicht nur als Kundin, sondern auch als Mensch.“

„Nochmals zu dem Abend. Ich würde gerne mehr darüber wissen“, unterbricht Karla seine Ausführungen. „Wie ist der genau abgelaufen?“

„Wir waren um acht Uhr im Restaurant verabredet. Aber Molly hatte keinen Hunger. Sie war müde und erschöpft. Sie erzählte mir von dem furchtbaren Vorfall in dem Studio mit diesem von Reitzenstein. Sie schien sehr deprimiert zu sein. Sie wollte ihre Ruhe, aber sie wollte gleichzeitig nicht allein sein. Also sind wir zu ihr gefahren. Da war es etwa 21.00 Uhr. Ich habe ihr meine neuen Vorschläge präsentiert. Mehrere wunderschöne Objekte. Das hat sie wieder aufgemuntert.“ Täuber zieht aus einem Regal eine Mappe hervor und klappt sie auf. Er blättert durch die Fotos und Informationsblätter verschiedener Villen und Häuser.

„Wann haben Sie dann das Haus von Frau Moon wieder verlassen?“, fragt Karla.
„Es wird schon nach elf Uhr gewesen sein“, antwortet der Makler und lächelt. „Wir haben geredet und geredet und vollkommen die Zeit vergessen.“
„Danke für die Information, Herr Täuber.“
„Aber gerne doch.“

Übung 16: Setzen Sie die Reflexivpronomen an der richtigen Stelle ein! Markieren Sie die Stelle mit einem Pfeil!

1. Ich habe mit meiner Freundin verabredet. (mich)
2. Karla trifft mit Täuber und stellt vor. (sich, sich)
3. Wir können gar nicht beruhigen. (uns)
4. Habt ihr schon wieder gestritten? (euch)
5. Du musst an die Information wenden. (dich)
6. Es findet bestimmt eine Lösung. (sich)
7. Sie erinnern nicht, wo sie zu der Uhrzeit waren. (sich)

Kolb bekommt einen Wutanfall.
„Dieser reiche Schnösel! Was denkt er, wer er ist? Dem Litti werden wir jetzt mal gehörig Feuer unterm Hintern machen! Unverschämtheit! So geht man nicht mit einer Kommissarin um, die mitten in den Ermittlungen steckt!“ Nachdem er sich ein wenig beruhigt hat, erzählt Kolb seiner Kollegin von dem Fußabdruck, der höchstwahrscheinlich von einem Mann stammt.
„Molly Moon und Frau von Reitzenstein scheiden damit aus“, überlegt Karla. „Sie haben auch beide zur fraglichen Zeit ein Alibi.“
„Hmm“, macht Kolb. „Oder es war jemand in ihrem Auftrag. Dieses Gerede von Schicksal und Pfeil des Todes finde ich sehr verdächtig.“

„Ich weiß nicht, Chef …“ Karla zieht unsicher die Schultern hoch. „So reden die eben in diesen Kreisen.“

„Mag sein, aber ich will auf der Stelle einen Durchsuchungsbefehl für die Räume von diesem Litti. Wer weiß, vielleicht finden wir noch ein anderes, gewinnbringendes Motiv für einen Mord in seinen Geschäftsunterlagen. Von Reitzenstein und Litti haben sich um diese Molly Moon gestritten. Vielleicht gab es da noch ganz andere Streitpunkte?“

In diese Überlegung hinein klingelt das Telefon.

„Wir lassen das Band abholen“, sagt Kolb nach einer Weile und legt auf. „Da scheint dieser Egon Litti doch kalte Füße bekommen zu haben“, wendet er sich an Karla. „Er hat gerade angerufen. Ihm ist eingefallen, dass die Überwachungskamera seines Hauses eingeschaltet war. Wir können uns das Band ansehen. Dann haben wir es schwarz auf weiß, wann der gute alte Litti nach Hause gekommen ist.“ Kolb greift nach seiner Jacke. „Trotzdem will ich diese Hausdurchsuchung. Und zwar heute noch!“ Gerade will er die Tür zu seinem Büro schließen, da klingelt erneut das Telefon.

„Was denn noch!“, ruft der Kommissar genervt und greift nach dem Hörer. „Was sagen Sie da? Das ist ja … Verstehe … ja … Danke, Herr Dr. Neubacher.“ Kolb starrt Karla an. „Das war der Rechtsmediziner. Wissen Sie, was er gesagt hat? Tatsächlich trat der Tod durch Erstechen etwa um 23.00 Uhr ein. Die Wunde, durch die von Reitzenstein bewusstlos war, wurde ihm jedoch Stunden vorher zugefügt. Und zwar etwa um 20.00 Uhr abends.“

„Und was bedeutet das?“, fragt Karla atemlos.

„Einiges“, antwortet Kolb. „Aber vor allem erst einmal eines: Wir müssen die Alibis unserer Hauptverdächtigen nochmals auf Herz und Nieren prüfen. Und zwar diesmal ganz besonders für die Zeit um 20.00 Uhr. Wir fangen direkt mit Litti an. Haben Sie die Adresse von diesem Poldi?“

Übung 17: Bilden Sie das Partizip Perfekt!

1. beruhigen	________	7. zufügen	________
2. streiten	________	8. finden	________
3. anrufen	________	9. treiben	________
4. einfallen	________	10. haben	________
5. einschalten	________	11. einschalten	________
6. kommen	________	12. sein	________

Es stellt sich bald heraus, dass Kolb auf der richtigen Spur ist. Der Studiomusiker Poldi erinnert sich nach längerem Nachdenken daran, dass Egon Litti zwischen 19.30 Uhr und 20.30 Uhr während der Aufnahmen verschwunden war und sie eine längere Pause einlegen mussten. Das Aufnahmestudio liegt nur einige Querstraßen von dem Büro der Produzenten entfernt. Es ist also durchaus denkbar, dass Litti während seiner Abwesenheit bei von Reitzenstein gewesen ist.

„Ha ha!“, schreit Kolb begeistert und schlägt Karla auf die Schulter. „Jetzt haben wir den Kerl!“

In Siegerstimmung treffen sie bei Egon Litti ein. Dieser empfängt sie gewohnt unfreundlich.

„Haben Sie bei der Kripo etwa so viel zu tun? Warum kommen Sie erst jetzt?“, fragt er mürrisch und reicht dem Kommissar das Band der Überwachungskamera.

„Sie werden schon noch sehen, Herr Litti, wir von der Kripo arbeiten gut, genau und sorgfältig.“ Kolb lässt das Band in seine Manteltasche gleiten. „Und nun erzählen Sie uns mal, was genau Sie zwischen 19.30 Uhr und 20.30 Uhr vorgestern Abend getrieben haben.“

Egon Litti klappt den Mund auf und klappt ihn wieder zu. „Ich war im Aufnahmestudio“, antwortet er knapp.

„Aber Sie waren dort nicht die ganze Zeit!“ Kolb lächelt freundlich. Egon Litti wird blass vor Ärger.
„Ich saß auf dem Klo!“, ruft er plötzlich. „Auf dem Klo!“
„Eine Stunde?“, fragt Kolb ungläubig.
„Ich habe eine chronische Darmerkrankung. Das kann Ihnen mein Arzt bestätigen. Dabei kommt es immer wieder zu Anfällen …“
„Danke, danke, nicht zu viele Informationen auf einmal, Herr Litti!“ Der Kommissar hebt abwehrend die Hände. „Sie sagen also, Sie waren auf der Toilette. Eine ganze Stunde.“
Egon Litti nickt stumm.
„Sie hätten aber auch Zeit gehabt, einen kurzen Abstecher zu Ihrem Büro zu machen, nicht wahr?“
Egon Litti zuckt nur mit den Schultern.
„Wir werden uns das Band dann einmal sorgfältig ansehen. Wollen Sie uns nicht begleiten?“
Egon Litti lässt nur ein dumpfes Knurren hören.
„Ich bitte Sie, es wäre uns eine Ehre“, sagt der Kommissar und hält dem Produzenten die Tür auf.

Übung 18: Welche Substantive und Verben gehören zusammen?

1. Kontakt	a. geben
2. eine Pause	b. prüfen
3. auf Herz und Nieren	c. nutzen
4. einen Wutanfall	d. aufnehmen
5. eine Tür	e. einlegen
6. eine Gelegenheit	f. bekommen
7. eine Auskunft	g. aufhalten

Wenig später allerdings liegt die Freude ganz auf der Seite des Beschuldigten.

„Wie ich Ihnen gesagt habe!“, schreit Egon Litti und deutet mit gestrecktem Zeigefinger auf den Bildschirm. „22.45 Uhr! Da! Sehen Sie? Die Zeit ist vermerkt! Da komme ich nach Hause! Ich gebe den Code ein, ich …“

„Was Sie da tun, sehen wir!“, blafft ihn der Kommissar an. In Karlas Ohr flüstert er: „Nehmen Sie mit einem Techniker Kontakt auf! Fragen Sie ihn, ob man diese verdammten Aufnahmen fälschen kann!“

Kolb packt seine Kollegin am Arm und sie gehen gemeinsam auf den Flur. „Ich spüre, dass wir der Wahrheit ganz nahe sind! Es ist doch so: Irgendjemand hatte um etwa 20.00 Uhr einen Streit mit von Reitzenstein gehabt und warf ihm einen Briefbeschwerer an den Kopf. Dann kam die Person nochmals zurück. Vielleicht hatte sie Angst, dass von Reitzenstein nicht wirklich tot war. Oder …“

„… es war eine zweite, andere Person!“, ruft Karla aufgeregt. „Sie könnte von Reitzenstein gefunden haben und wollte ihn lieber tot als lebendig sehen …“

„… und hat die günstige Gelegenheit ausgenutzt und ihn umgebracht“, schließt Kolb die Überlegungen.

„Dem Band der Überwachungskamera nach zu urteilen, war der Mörder jedenfalls nicht Litti“, bemerkt Karla.

„Aber vielleicht hat er den ersten Schlag ausgeführt.“ Kolb kratzt sich am Kopf. „Was ist eigentlich mit dem Alibi von dieser Molly Moon?“

„Der Immobilienmakler, Herr Täuber …“, setzt Karla an.

„Auch dieser kann sich getäuscht oder etwas vergessen haben, wie der Musiker Poldi. Dem ist auch erst später eingefallen, dass Egon Litti eine Stunde lang verschwunden war. Wir sollten mal im Restaurant nachfragen und uns die Geschichte von diesem Täuber bestätigen lassen. Geben Sie mir mal Ihr Handy. Wie hieß das Restaurant?“

Eine halbe Minute später hat Kolb den Restaurantbesitzer in der Leitung: „Ich kann Ihnen keine Auskunft geben! Hier sind immer viele prominente Gäste. Woher weiß ich, dass Sie nicht von der Presse sind?“

! ÜBUNG 19

Übung 19: Lesen Sie weiter und setzen Sie die Substantive an der richtigen Stelle ein!
(Mann, Moment, Wohnzimmer, Handy, Streifenwagen, Alibi, Lokal, Gast, Informationen, Zusammentreffen)

„Das wissen Sie spätestens dann, wenn ich Sie mit einem 1. __________ abholen lasse!“, poltert Kolb. „Das gäbe doch ein reizendes Schauspiel für Ihre Gäste. Also nochmals meine Frage: War Frau Moon vorgestern bei Ihnen zu 2. __________?“
„Ja, Frau Moon war vorgestern Abend hier, das ist richtig. Ein Mann wartete auf sie, sicherlich eine Stunde. Sie kam in dem 3. __________, in dem der Herr gerade gehen wollte. Frau Moon war sehr blass, sie fing an zu weinen. Dann verließen die beiden das 4. __________.“
„Moment, Moment, Sie sagten gerade, dass der 5. __________ auf sie gewartet hat? Wann kam denn Frau Moon?“ Kolb nickt Karla zu, die ihn erwartungsvoll ansieht.
„So etwa um 21.00 Uhr.“
„Danke, Sie haben uns sehr geholfen“, sagt Kolb und legt auf.
„Das 6. __________________ war falsch!“ Kolb reicht Karla das 7. __________. „Täuber hat gelogen! Es ist doch nicht zu fassen!“
„Was? Sie? Was wollen Sie von mir?“ Molly Moon scheint sehr überrascht über den späten Besuch der Kommissare.
„Nur noch ein paar 8. __________“, sagt Kolb. Dann ruft er: „Ja, Herr Täuber, das ist ja ganz wunderbar! Sie hier?“
Der Immobilienmakler ist vom 9. __________ aus in die große

Eingangshalle getreten. Man sieht ihm an, dass er nicht gerade begeistert ist über das überraschende 10. ________ mit der Polizei.

„Ich wollte gerade gehen …“ Er greift nach seinem Mantel.
„Nix da! Doch nicht jetzt, wenn es spannend wird!“ Kolb leitet Molly und Täuber mit einer Handbewegung in die Küche. Sie tauschen einen langen Blick, der selbst Kolb nicht entgeht.
„Blicke sagen mehr als Worte, nicht wahr?“ Er lässt sich schnaufend auf einem hohen Hocker nieder. „Und nun erzählen Sie nochmals ganz genau, wie besagter Abend abgelaufen ist.“
„Frau Moon und ich haben uns im Restaurant getroffen. Wir sind hierher gefahren. Etwa um 23.00 Uhr habe ich Frau Moons Haus verlassen.“
„Das lässt sich ja leicht nachprüfen, nicht wahr?“ Karla lächelt die Sängerin an. „Sie haben doch sicherlich auch eine Überwachungskamera. Vielleicht haben Sie noch die Bänder von vorgestern? Wenn wir die Bänder gesehen haben, unterhalten wir uns nochmals über die Zeit zwischen 20.00 und 21.00 Uhr.“
Molly Moon schluckt schwer. „Ich … Ach …“
Es dauert nicht lange, da sitzen Karla, der Kommissar und Rudi gespannt vor dem Fernseher. Frau Moon und der Immobilienmakler stehen stumm daneben.
„Stimmt. Täuber und Frau Moon sind kurz nach neun nach Hause gekommen“, kommentiert der Kommissar das Geschehen. Er drückt auf den Vorlauf. „Wollen doch mal sehen, wer von den beiden um welche Zeit das Haus wieder verlassen hat.“
„Stopp, Chef“, ruft Karla, als sich die Tür der Villa öffnet.
„Herr Täuber! Sie verlassen das Haus nicht um 23.00 Uhr, sondern um 22.15 Uhr!“ Kolb deutet auf den Bildschirm. Wieder lässt er das Band schneller laufen. „Und da! Sehen Sie? Um 23.35 Uhr kommen Sie wieder zurück. Wie erklären Sie sich das?“

Täuber schweigt, während Molly Moon die Tränen über die Wangen rinnen. Karla reicht ihr ein Taschentuch.

„Wenn wir eine Hausdurchsuchung bei Ihnen durchführen, werden wir sicherlich die Tatwaffe und grobe Herrenstiefel in Größe 43 finden. Außerdem haben wir einige interessante Fingerabdrücke im Hausflur des Bürogebäudes sichern können. Der Fahrstuhl war nur wenige Stunden defekt. Da werden wir sicher fündig. Oder was meinen Sie?“

„Ich war es!“, stöhnt Molly Moon und schlägt sich die Hände vor das Gesicht. „Ich war es!“

„Molly, halten Sie die Klappe!“, fährt Täuber sie an.

„Sie können mir auch nicht mehr helfen!“, schluchzt die Sängerin und macht ein paar Schritte auf Kolb zu. „Ich werde Ihnen alles erzählen, passen Sie auf. Kurz nach seinem Wutausbruch rief Moritz auf meinem Handy an. Er sagte: ‚Ich habe hier etwas. Hör es dir an und dann überlegst du dir das nochmals mit deinem Vertrag mit Egon.‘ Ich lachte ihn aus, aber er war hartnäckig. Also ging ich zu ihm ins Büro. Er hatte tatsächlich etwas: Den Beweis, dass wir einen Musiker betrogen haben. Ich hatte damals meinen ersten Song eingespielt. Der Studiomusiker half bei der Aufnahme. Dann fiel ihm aber spontan etwas zu dem Refrain ein und er spielte es uns vor. Wir waren alle begeistert! Er verbesserte dann auch noch die Strophe und der Song war plötzlich perfekt! Es wurde ein riesiger Hit! Ich verdiente mit dem Lied viel Geld. Plötzlich meldete sich dieser Studiomusiker und verlangte eine Beteiligung. Ich hatte ihn schon vollständig vergessen! Wissen Sie, was der haben wollte? 50 Prozent meiner Gewinne! ‚Der hat doch keine Beweise‘, sagten Moritz und Egon, ‚bleib ganz ruhig und rühre dich nicht!‘ Tatsächlich wurde die Klage des Musikers abgelehnt. Als ich aber nun vorgestern Abend zu Moritz ging, hatte dieser eine alte Aufnahme bei sich. Auf dem Band war alles gespeichert: der

Abend, als wir den Song eingespielt haben, und die Vorschläge des Studiomusikers. Der Beweis, dass der Song nur teilweise von mir ist! Wissen Sie, was das für meine Karriere bedeutet? Und für mein Bankkonto?“ Molly Moon streicht sich mit einer Hand über die Stirn. „Ich wurde wütend. Ich tobte. Aber Moritz lachte nur. Er sagte: ‚Nun arbeitest du weiter mit mir, ob du das willst oder nicht.‘ Da nahm ich den Briefbeschwerer und knallte ihn an seinen Kopf. Moritz ging zu Boden. Ich war geschockt. Ich steckte den Briefbeschwerer ein und rannte weg. Dann dachte ich: ‚Molly, du brauchst ein Alibi.‘ Also ging ich zu dem Treffen mit meinem Immobilienmakler. Aber ich war nicht cool genug. Ich brach zusammen und erzählte ihm alles. Ich war völlig am Ende. Bei mir hier zu Hause ließ er sich in Ruhe alles erklären. Ich sagte: ‚Ich weiß nicht, ob er noch lebt oder tot ist. Aber ich bringe es nicht über mich, in dieses Büro zu gehen und nachzusehen.‘ Da sagte er: ‚Ich helfe dir. Ich gehe jetzt in dieses Büro und schaue, wie es von Reitzenstein geht. Wenn er noch lebt, hole ich den Krankenwagen. Ansonsten nehme ich diese Studioaufnahme mit und gebe dir ein lupenreines Alibi.‘ Das hat er dann auch gemacht. Er kann nichts dafür. Allerdings musste ich das Alibi und die Rückgabe des Aufnahmebandes bezahlen. Und der Preis war hoch. Sehr hoch.“ Die letzten Worte der Künstlerin klangen bitter.

Übung 20: Suchen Sie in dem vorangegangenen langen Absatz alle Verbformen im Präteritum und schreiben Sie sie hier auf!

____

____

____

„Danke, Frau Moon“, sagt Kolb ungewöhnlich sanft. „Aber Sie haben von Reitzenstein nicht ermordet. Das war Ihr netter Helfer, Herr Täuber.“

„Aber …“ Die Künstlerin reißt bestürzt die Augen auf, während der Immobilienmakler bewegungslos auf den Boden starrt.

„Von Reitzenstein wurde zwar von Ihnen verletzt, aber nicht tödlich. Er ist erst gegen 23.00 Uhr abends erstochen worden.“

„Das ist ja …“ Molly Moons Kiefer klappt auf und wieder zu. Dann stürzt sie sich auf Täuber: „Sie mieser Kerl! Sie haben ihn ermordet! Nur um an diese Aufnahmen zu kommen! Damit Sie mich erpressen können! Meine Villa musste ich Ihnen geben. Und das ganze Geld! Sie Schuft, Sie …“

„Lassen Sie mich in Frieden!“, zischt der Makler wütend. „Sie dummes Huhn! Mir eine Villa schenken oder ein ganzes Leben lang von diesem von Reitzenstein abhängig sein? Da haben Sie mit mir doch den besseren Fang gemacht … Ich mache eben keine halben Sachen. Er war doch sowieso schon fast tot. Und ich weiß, wann ich die Chance meines Lebens habe.“

„Ich wollte ihn aber nicht umbringen“, flüstert Molly und hängt sich an den Arm des Kommissars. „Das müssen Sie mir glauben! Ich war nur so wütend …“

„Ich glaube, hier ist alles geklärt“, sagt der Kommissar. „Wir fahren jetzt alle gemeinsam zum Präsidium.“

Auf dem Weg zum Auto schreit plötzlich der Immobilienmakler: „Diese dumme Kuh! Molly – du bist Schrott! Deine Villa ist Schrott und deine Stimme und deine ganzen beknackten Songs!“

„Aber Herr Täuber!“ Kolb schüttelt mitleidig den Kopf. „Das zeigt doch nur, dass Sie die Musik einfach nicht verstanden haben. Und wer Musik nicht versteht …“

„… wird auch seine Seele niemals verstehen“, beendet Karla den Satz und lacht.

Tatort St. Pauli

„Eine Schlägerei auf St. Pauli? Warum liegt das bei mir auf dem Tisch?", fragte Kolb aufgebracht ins Telefon. „Kann das nicht die Abteilung für Jugendkriminalität übernehmen? Das waren doch sicher wieder so junge Schläger? Warum soll ich ..."

„Die Täter waren keine Jugendlichen, Kolb. Sieht nach einem ganz normalen Raub aus – mit versuchtem Totschlag allerdings. Gehört das nicht zu deinem Gebiet?" Die Stimme des Polizisten am anderen Ende der Leitung klang müde und genervt. „Das Opfer ist jetzt im Krankenhaus. Der Mann ist nicht mehr ansprechbar. Er liegt im Koma. Es sieht überhaupt nicht gut aus für ihn. Die Ärzte sagen, dass er wahrscheinlich nie wieder aufwacht. Es gibt ein paar Zeugen, die kannst du befragen. Herr Kommissar, wir haben alle viel zu tun, nicht nur du. Bedenke das bitte. Deine Quengeleien machen die Arbeit auch nicht einfacher. Meinen Bericht hast du schon. Ich gehe jetzt nach Hause. Viel Spaß."

Kolb hörte ein Klicken. Der Polizist hatte aufgelegt.

Übung 1: Entscheiden Sie, ob die acht Adjektive im folgenden Absatz im Nominativ (N), Akkusativ (A) oder Dativ (D) stehen!

! ÜBUNG 1

„Ich soll quengeln? Und er wünscht mir viel Spaß? Ich glaube, ich spinne! Ich soll meine 1. (   ) kostbare Zeit ..." Der Kommissar verstummte plötzlich und blies nachdenklich in seine Tasse Kaffee. Kolb wusste, was seine Kollegen von der Schutzpolizei leisteten: Tag für Tag und Nacht für Nacht kümmerten sie sich um die Sicherheit der Bürger. Und das war im Stadtteil St. Pauli nicht unbedingt eine 2. (   ) leichte Übung. Massenschlägereien zwischen 3. (   ) aggressiven und meist 4. (   ) betrunkenen Jugendlichen, Bandenkriege und Überfälle auf Nachtschwärmer – in dieser

Gegend ging es drunter und drüber. Nach 5. ( ) getaner Arbeit mussten die Polizisten von der Davidwache dann noch einen 6. ( ) dicken Stapel Berichte schreiben, bevor für sie endlich Dienstende war. Beneidenswert fand Kolb das nicht gerade. Er seufzte. Sein 7. ( ) eigenes Schicksal schien ihm momentan allerdings auch nicht unbedingt erstrebenswert: Er fühlte sich müde und er fühlte sich alt. Zu müde und zu alt jedenfalls für die Bearbeitung eines Raubüberfalls mit 8. ( ) versuchtem Totschlag.

„Wäre ich damals doch nur zur Abteilung Wirtschaftskriminalität gegangen!“, überlegte Kolb bitter. „Die sitzen doch den ganzen Tag am Schreibtisch und spielen mit dem Taschenrechner.“ Wieder seufzte er und beugte sich über die Akten. Mit seinem rechten Ellenbogen stieß er dabei die Kaffeetasse um, die er neben sich gestellt hatte. Sofort breitete sich das braune Getränk auf dem Bericht vor ihm aus. Fluchend wedelte Kolb mit den durchnässten Seiten und bekleckerte dabei seine Hose mit Kaffee. Er schloss die Augen, atmete einmal tief durch und rief dann laut seine Kollegin Karla Reiss zu Hilfe.

ÜBUNG 2 !

Übung 2: Suchen Sie im folgenden Absatz zehn Präteritumformen von Verben und schreiben Sie sie hier auf!

Erst am Nachmittag konnten Kolb und Karla die Identität des Mannes klären. Das Opfer hatte nach dem Überfall nichts mehr bei sich getragen als die Visitenkarte eines Herrenausstatters in der

Altstadt. Sie waren ins Krankenhaus gefahren und hatten ein Foto vom Opfer geschossen. Danach suchten sie das Geschäft auf und redeten mit jedem einzelnen Verkäufer. Endlich erkannte einer der Aushilfen den Mann. Nach Aussagen des Angestellten hatte das Opfer einen Tag vor dem Überfall einen teuren Anzug in dem Laden gekauft und glücklicherweise mit seiner EC-Karte bezahlt. So konnten Kolb und seine Kollegin über die Bank und die Kontonummer Namen und Adresse des Mannes erfahren: Bogdan Deeken. Sie beschlossen, sich bei ihm umzusehen.

„Hier ist es", sagte Kolb zu seiner Kollegin und deutete mit seinem Finger auf das Schild an der Tür. Karla drückte wahllos auf die Klingelknöpfe. Im Schloss summte es. Der Kommissar und seine Kollegin traten in den dunklen Hausflur.
„Was wollen Sie?", fragte eine raue Stimme.
„Sind Sie die Hausmeisterin?" Kolb war während seiner Laufbahn als Ermittler schon mit jeder Berufsgruppe in Berührung gekommen. Er erkannte Hausmeisterinnen allein an ihrer Stimme.
„Ja, bin ich. Was wollen Sie?" Eine rundliche Dame in einem schlichten Kittel erschien am Treppenabsatz und blickte misstrauisch zu den Beamten hinunter.
„Kripo Hamburg. Können Sie uns Zugang zu der Wohnung von Bogdan Deeken verschaffen?", fragte Karla höflich.
„Kriminalpolizei? Moment mal!" Die Frau verschwand in ihrer Wohnung und kehrte mit einem dicken Schlüsselbund zu den Beamten zurück. „Wissen Sie", sagte sie verschwörerisch, „ich habe von jeder Wohnung hier den Schlüssel. Der Hausbesitzer und ich haben mit den Mietern schon so einiges erlebt. Die einen setzen die ganze Bude unter Wasser und fahren in den Urlaub. Die anderen verschwinden ohne zu kündigen und lassen ihren ganzen Kram in der Wohnung stehen. Da haben wir beschlossen, dass ich

von jeder Wohnung einen Schlüssel behalte. Dem Vermieter und mir ist es egal, ob das legal ist oder nicht. Sie haben ja keine Ahnung, was für Menschen hier hausen! Da braucht man ...“

„Schon gut, schon gut, ich kann es mir bestens vorstellen!“ Kolb winkte mit einer Hand ab, während sie gemeinsam die steilen Stufen erklommen.

ÜBUNG 3 !

Übung 3: Lesen Sie weiter und setzen Sie die folgenden Wörter in die passende Lücke!

(Falschen, Tür, Schlüsselbund, Notizbuch, Hausmeisterin, Krankenhaus, Kopf)

„Sie haben ja keine Ahnung“, wiederholte die (1.) ____________ und blieb vor einer (2.) ____________ stehen. „Da sind wir aber auch schon. Sehen Sie? Bogdan Deeken steht da.“ Sie klimperte mit dem (3.) ____________ in ihrer Hand. „Was ist denn mit Herrn Deeken? Hat er was angestellt?“

„Nein, nein. Er wurde überfallen und liegt im (4.) ____________.“

„Überfallen? Der Arme!“ Die Hausmeisterin schüttelte ungläubig den (5.) ______________ und hielt den Beamten die Tür auf. „Die Welt ist verrückt! Herr Deeken hatte doch selber nichts! Warum wurde er denn überfallen? Es erwischt doch immer die (6.) ____________, nicht wahr?“

„Kennen Sie Herrn Deeken näher?“, fragte Karla und zog ein (7.) ____________ aus ihrer Tasche.

„Ob ich Herrn Deeken kenne? Nein. Aber er ist ein netter Mensch. Hat mich immer gegrüßt. Wir haben manchmal sogar miteinander geredet. Er arbeitet im ‚Gentle Club‘. Das ist ein Etablissement in der Nähe der Reeperbahn. So ganz was Feines, wissen Sie. Wer dort arbeitet, muss sich nicht schämen!“

„Ein Edelpuff?", brachte Kolb die Sache auf den Punkt.
„Wenn Sie es so ausdrücken wollen ..." Die Hausmeisterin sah Kolb verärgert von oben bis unten an.
„Danke!" Kolb drängte die verdutzt dreinblickende Frau aus der Wohnung. „Wenn wir noch Fragen haben, wissen wir ja, an wen wir uns wenden können."
Karla und Kolb schlossen die Tür hinter sich und sahen sich aufmerksam um. Die kleine Wohnung schien für ihren Bewohner immer noch zu groß zu sein. Außer einer Matratze und einem schmalen Kleiderschrank besaß Bogdan Deeken keinerlei Möbel. Das wenige Geschirr in der Küche stapelte sich auf dem Fensterbrett.
„Ich weiß gar nicht, was wir hier suchen, Chef!" Karla lehnte sich an einen Türrahmen und gähnte herzhaft. „Das war einfach ein brutaler Raubüberfall! Wir sollten nach den Typen fahnden, die ihn zusammengeschlagen haben. Was wollen wir hier finden?"
Kolb ging in der kleinen Küche auf und ab. Dann blieb er vor dem Kühlschrank stehen, an dem ein Foto von einem jungen Mädchen klebte. „Ich glaube, da steckt mehr dahinter als ein einfacher Raubüberfall, Karla. Denken Sie an die Zeugenaussage: Die drei Typen hingen schon die ganze Zeit an der Straßenecke rum. Sie haben diesem Deeken aufgelauert! Als er kam, haben sie sich auf ihn gestürzt und ihn verprügelt. Einer der Schläger rief mehrmals: ‚Das soll dir eine Lehre sein!' Das hört sich für mich nicht nach einem Überfall an, oder? Sie haben ihn zwar ausgeraubt, das ist richtig. Trotzdem! Bogdan Deeken steckte in irgendeiner Sache drin. Und dafür musste er bluten. Ich glaube, dass wir den Fall schneller klären, wenn wir in dieser Richtung weiterrecherchieren. Die Personenbeschreibungen von den Schlägern bringen uns außerdem in keiner Weise weiter! Wenn man nach ihnen geht, sind alle Hamburger männlichen Geschlechts zwischen 25 und 40 Jahren verdächtig. Es war einfach zu dunkel, Karla."

„Wahrscheinlich haben Sie mal wieder recht, Chef!“ Karla gähnte erneut. „Dann hören wir uns wohl jetzt einmal an seinem Arbeitsplatz um, oder?“

Die Hausmeisterin war gut informiert. Der ‚Gentle Club‘ lag tatsächlich nicht weit von der Reeperbahn entfernt in einer kleinen, ruhigen Gasse. Schon von außen war dem Nachtclub anzusehen, dass hier die feinere Gesellschaft verkehrte. Das alte Haus war edel restauriert und ein Türsteher im feinen Anzug stand vor dem überdachten Eingang. Karla verzog trotzdem etwas angewidert das Gesicht.
„Sie wünschen?“, fragte der Türsteher argwöhnisch.
„Kripo Hamburg. Wir haben nur ein paar Fragen.“ Kolb und Karla zogen gleichzeitig ihre Marke aus der Jackentasche. „Ist Ihr Chef da?“, fragte der Kommissar bestimmt.
„Laura ist da. Der Chef kommt später“, sagte der Türsteher hochmütig und schubste mit seinem Ellenbogen die Tür auf.

ÜBUNG 4 !

Übung 4: Verneinen Sie die Sätze!

1. Wir haben ein paar Fragen.

____

2. Laura ist da.

____

3. Sie hatten Vorurteile.

____

4. Die Hausmeisterin war gut informiert.

____

5. Wir haben etwas zu verbergen.

____

6. Wir wollen nach einem Angestellten fragen.

____

Selbst Karla musste zugeben, dass der Laden sehr geschmackvoll eingerichtet war. Lampen aus den Siebzigerjahren schmückten die Decke, die Wände des Flurs waren mit hochwertigem Stoff überzogen und die Bar mit schicken Designermöbeln ausgestattet.
„Trotzdem“, flüsterte Karla ihrem Chef zu, „es ist und bleibt ein Freudenhaus.“
„Liebe Karla, in unserem Beruf darf man keine Vorurteile hegen“, flüsterte Kolb zurück. Er erklomm mühsam einen der hohen Barhocker und sah sich prüfend um.
„Sie sind von der Kriminalpolizei?“, fragte eine ältere, äußerst attraktive Dame mit sanfter Stimme, die durch einen Vorhang neben der Bar eingetreten war. „Wir haben nichts zu verbergen, Sie können sich gerne umschauen.“
„Danke“, antwortete Kolb und lächelte. „Ich komme auf dieses Angebot gerne zurück. Aber wir sind gar nicht wegen Ihres Ladens hier, Frau ...“
„Laura, nur Laura“, warf die Frau ein und zeigte ihre strahlend weißen Zähne.

Übung 5: Ordnen Sie die Wörter zu Sätzen!

ÜBUNG 5 !

1. kommen – der – kann – Angestellte – nicht

____

2. will – Kommissar – die – Kolb – befragen – Leute

____

3. sie – im – sich – umsehen – dürfen – Lokal

____

4. Bogdan – sich – um - soll – kümmern – alles

____

5. Chef – muss – der – schnell – werden – fertig

____

„Wir wollten Sie nach einem Ihrer Angestellten befragen. Bogdan Deeken."

„Oh ja, unser Bogdan." Laura warf mit einer Handbewegung ihre langen Haare in den Nacken. „Der arbeitet hier. Was ist mit ihm?"

„Sie haben ihn noch nicht vermisst?", fragte Karla, und die Frau sah sofort auf ihre zierliche Uhr.

„Nein, nein, seine Schicht fängt erst in zwei Stunden an."

„Er wird nicht kommen können. Bogdan Deeken wurde letzte Nacht überfallen und liegt im Krankenhaus." Karla beobachtete die Reaktion der Frau genau. Doch diese war über die Nachricht nicht sehr beeindruckt oder ließ es sich zumindest nicht anmerken.

„Ach ...", sagte sie nur leise.

„Welche Aufgaben hat Herr Deeken in Ihrem Hause?", fragte Kolb.

„Bogdan ist sozusagen das Mädchen für alles. Er kümmert sich um kaputte Glühbirnen, füllt Vorräte auf, springt manchmal an der Bar ein, säubert unsere Whirlpools und die Badelandschaft ..."

Übung 6: Setzen Sie die folgenden Sätze ins Perfekt!

1. Seine Schicht fängt an.

____

2. Karla beobachtet die Frau genau.

____

3. Sie merkt ihm eine Reaktion an.

____

4. Laura heizt den Ofen an.

____

5. Jemand überfällt Bogdan.

____

6. Die Gäste treffen ein.

____

„Verstehe." Kolb rieb sich die Hände.
„Ist Ihnen kalt?", fragte Laura besorgt. „Ich kann gern ein wenig einheizen."
„Was wollen die Herrschaften hier?" Ein Mann im Anzug trat in die kleine Bar, gefolgt von zwei jungen Mädchen in leichter Kleidung.
„Besuch von der Kriminalpolizei. Bogdan liegt im Krankenhaus, er wurde überfallen", erklärte Laura in knappen Worten den Besuch der Kommissare.
„Niko Busse, angenehm, Laura und mir gehört der Laden hier." Der Herr reichte seinen Gästen flüchtig die Hand. „Erlauben Sie mir die Frage: Was haben wir mit der Sache zu tun?"
„Bisher noch nichts", antwortete Kolb und lächelte. „Wir hören uns nur ein wenig um."
„Ich hoffe, Sie sind damit bald fertig. Die ersten Gäste treffen gleich ein. Und entschuldigen Sie, dass ich es so offen sagen muss", der Besitzer verzog angewidert das Gesicht, „man sieht Ihnen förmlich an der Nasenspitze an, dass Sie von der Polizei sind. Das ist nicht gut für das Geschäft. Unsere Gäste legen großen Wert auf Diskretion. Die Polizei ist hier nicht gern gesehen."

Übung 7: Ergänzen Sie die Artikel und setzen Sie anschließend die Nomen mit ihren Artikeln in den Plural!

ÜBUNG 7 !

1. _____ Wand ______________
2. _____ Zahn ______________
3. _____ Nacht ______________
4. _____ Vorrat ______________
5. _____ Hand ______________
6. _____ Gast ______________
7. _____ Vorhang ______________
8. _____ Gang ______________

„Wir sind schon wieder unterwegs“, beruhigte ihn Kolb, doch Herr Busse beachtete den Kommissar schon gar nicht mehr. Mit weit ausgestreckten Armen begrüßte er zwei Gäste, die in das Schummerlicht der Bar getreten waren. Auch Laura setzte ein charmantes Lächeln auf, machte aber einem der Mädchen hinter ihrem Rücken ein Zeichen.

„Kommen Sie“, flüsterte die junge Frau und geleitete den Kommissar und Karla hinter den schweren Vorhang. „Ich lasse Sie über den Hintereingang hinaus.“

Karla wollte schon protestieren, doch Kolb legte eine Hand beschwichtigend auf ihren Arm.

„Kannten Sie Bogdan?“, fragte Kolb das voraneilende Mädchen.

„Sicher, jeder hier kennt Bogdan.“ Die Frau blieb unschlüssig stehen und sah die beiden mit hochgezogenen Augenbrauen an. Sie schien zu überlegen, wie sie sich gegenüber den Kommissaren verhalten sollte.

ÜBUNG 8 !

Übung 8: ***-ig**, **-isch** oder **-lich**? Machen Sie aus den Nomen ein Adjektiv!*

1. Hand	________	5. Freund	________
2. Neugier	________	6. Mitleid	________
3. Typ	________	7. Mund	________
4. Gefahr	________	8. Tag	________

„Was ist das für ein Typ?“, fragte Karla und lächelte das Mädchen aufmunternd an.

„Der Bogdan?“ Das Mädchen stufte diese Frage offensichtlich als ungefährlich ein. Munter plauderte sie drauflos: „Ein ganz netter Kerl, redet vielleicht ein bisschen viel. Zu uns Mädchen ist er immer freundlich und höflich. So ein richtiger Kumpel, wissen Sie?“

„Hmm“, machte Kolb. „Was redet Bogdan denn so?“
„Ach, der ist so ein Träumer.“ Das Mädchen hob kurz eine Schulter und ging weiter. „Von denen gibt es doch Tausende. Immer wieder reden sie vom großen Geld und was sie nicht alles vorhaben damit ... Erst vor ein paar Tagen erzählte er mir, dass er einen eigenen Laden aufmachen will. In Berlin. Ein Restaurant.“ Kolb spähte während des Gesprächs nach rechts und links.
„Whirlpool“, las er laut und deutete auf ein Schild an der Tür. „Darf ich da mal reinschauen? Aus purer Neugier, Sie verstehen?“
„Aber gerne, Herr Kommissar!“ Das Mädchen setzte ein professionelles Lächeln auf, was Karla ungemein verärgerte.

Übung 9: Lesen Sie weiter und setzen Sie die eingeklammerten Verben in den richtigen Präteritumformen ein!

Kolb dagegen 1. (kümmern) __________ sich nicht weiter um das böse Gesicht seiner Kollegin und 2. (treten) __________ in die großzügige Badelandschaft ein. Er 3. (betrachten) __________ das Mosaikbild einer Wassernixe, das die halbe Wand 4. (einnehmen) __________ und 5. (verziehen) __________ anerkennend den Mund. Er 6. (umrunden) __________ den Whirlpool und 7. (bleiben) __________ vor einem Springbrunnen stehen. Neben dem Brunnen 8. (stehen) __________ ein kleines Tischchen mit einer Lampe, die ein warmes, rotes Licht 9. (verströmen) __________, und ein bequemer Korbstuhl, auf den sich Kolb 10. (niederlassen) __________.

„Ahhh!“ Kolb atmete einmal tief durch.
„Können wir dann weiter?“, fragte Karla missmutig. Sie stand mit verschränkten Armen an der Tür und ließ Kolb während seines Rundgangs nicht aus den Augen.

„Ich will mich ja nur mal umsehen!“ Kolb erhob sich wieder. Dabei blieb der Stuhl, der für sein Hinterteil ein wenig zu eng war, an ihm hängen. Bei dem Versuch, sich von dem lästigen Möbel zu befreien, stieß er das kleine Tischchen neben sich um. Die Lampe zerbrach mit einem lauten Klirren.
„Mist!“, polterte Kolb. Er drehte sich zu den beiden Frauen um und legte entschuldigend die Hände zusammen. „Könnten Sie mir ein Kehrblech besorgen? Ich bin übrigens haftpflichtversichert ...“
Das Mädchen war blass geworden. Wortlos drehte sie sich um und eilte den langen Gang wieder zurück. Karla seufzte schwer. Der Kommissar richtete den Tisch wieder auf. In diesem Moment kam auch schon die junge Frau mit Niko Busse zurück.
Es dauerte keine zwei Minuten, da standen Kolb und Karla auf der Straße. Der Kommissar schlug den Kragen seiner Jacke hoch und sah Karla belustigt an.
„Was schauen Sie denn so böse?“, fragte er. „Sollen wir was essen gehen?“
„Essen gehen? Ich hätte Lust, zu trinken!“, meinte Karla und sah ihren Chef streng an. „War das mal wieder ein peinlicher Auftritt!“
„Es hatte auch sein Gutes!“ Kolb zog etwas aus seiner Tasche. Es bestand aus schwarzem Plastik mit einer winzigen Linse an dem verlängerten Ende.
„Was ist das?“, fragte Karla und beugte sich über die Hand ihres Chefs.
„Eine Kamera“, sagte der Kommissar. „Sie klebte unten an der Tischplatte.“

Schon am nächsten Tag hatten sie die Bilder vorliegen.
„Dieses Ding ist wunderbar für die Spionage geeignet“, erklärte ihnen Lerchinger von der Spurensicherung. Ihm hatten die Kommissare noch am selben Abend die Kamera gebracht. „Sie schießt

auch in der Nacht einwandfreie Bilder. Ausgelöst wird sie durch einen Bewegungsmelder. Es reicht also ein Wackeln mit der Zehenspitze und die Kamera löst aus."

Übung 10: Lesen Sie weiter und ersetzen Sie die unterstrichenen Wörter durch ein Pronomen!

„Interessant!" Kolb beugte sich über Lerchingers Schreibtisch. „Und was hat 1. die Kamera _____ zuletzt für Bilder gespeichert?" Lerchinger antwortete nicht, sondern schob 2. Kolb _____ einen großen Stapel Fotos zu. Kolb blätterte sie eilig durch, während 3. Karla _____ ihm neugierig über die Schulter blickte.
„Also wirklich!", sagte sie ab und an empört. Die Kamera war direkt auf den Whirlpool eingestellt gewesen und zeigte 4. die Gäste _____ in sehr intimen Situationen.
„Sie wissen aber, Kolb, dass die Kamera nicht als Beweis zugelassen werden kann – egal, was Sie noch herausfinden. Und die Fotos auch nicht!" Lerchinger schwang sich auf 5. seinem Drehstuhl _____ hin und her. „Sie haben die Kamera mitgehen lassen. Es war keine Hausdurchsuchung oder sonst eine genehmigte Aktion. Offiziell wissen Sie von 6. den Fotos _____ gar nichts!"
„Ja, ja", brummte Kolb.

Plötzlich streckte Karla einen Arm aus und deutete aufgeregt auf ein Foto. „Den kenne ich! Das ist doch Herr Dr. Schneider! Der Besitzer von Schneider & Söhne!"
„Unverkennbar! Herr Dr. Schneider! Einer der angesehensten und einflussreichsten Menschen der Stadt nimmt ein Bad in weiblicher Begleitung im ‚Gentle-Club'." Kolb pfiff durch die Zähne. „Hat seine Gattin nicht gerade den Vorsitz des Vereins zur Bekämpfung von Gewalt gegen Frauen übernommen?"

„Das habe ich auch im Lokalteil gelesen, Chef“, bestätigte Karla. „Spannende Fotos hat unser Bogdan Deeken da aufgenommen! Mich würde nur zu sehr interessieren, was er mit ihnen anfangen wollte!“ Kolb strich sich mit dem Finger über seine Nase.
„Woher wissen Sie, dass die Kamera Bogdan Deeken gehört?“, fragte Karla erstaunt.
Kolb blätterte wieder den Haufen Fotos durch und reichte eines davon seiner Kollegin: „Sehen Sie die Nahaufnahme dieser Hand? Wahrscheinlich entstand das Foto, als die Kamera installiert wurde. Erkennen Sie den Ring hier? Bogdan Deeken trägt ihn. Wir haben ihn doch im Krankenhaus besucht. Können Sie sich nicht mehr an dieses protzige Ding an seinem Mittelfinger erinnern?“
Karla schüttelte den Kopf.
„Macht nichts!“ Kolb warf den Stapel Fotos wieder auf Lerchingers Schreibtisch. „Es reicht ja, wenn einer von uns beiden ein kriminalistisches Talent besitzt!“
Karla schnaufte wütend, doch Kolb war schon an der Tür. „Mal sehen, ob Herr Dr. Schneider über die kleine, aber feine Fotoserie Bescheid weiß. Vielleicht hat ihn Bogdan Deeken mit den Bildern erpresst?“ Als Karla nicht antwortete, drehte er sich im Gehen zu ihr um: „Nun machen Sie doch nicht schon wieder so ein saures Gesicht, Karla. Was ist denn mit Ihnen?“
„Chef, wann gehen Sie in Rente?“, fragte Karla zurück und hüllte sich dann in ein beleidigtes Schweigen.
Herr Dr. Schneider war über den Besuch der Kommissare nicht gerade erfreut.
„Ich habe gleich ein wichtiges Meeting“, sagte er und führte die Beamten in einen kleinen Nebenraum seines Büros. „Was wollen Sie von mir? Habe ich etwas verbrochen?“
„‚Verbrochen‘ ist vielleicht das falsche Wort“, sagte Kolb langsam und zog zwei Fotos hervor. „Aber Sie waren Gast im ‚Gentle-

Club‘, nicht wahr?“

„Woher wissen Sie ....“, stotterte der Geschäftsmann, „ich ... aber ... das ist kein Verbrechen!“. Aufgeregt sah er sich die Bilder an.

„Herr Dr. Schneider, beruhigen Sie sich!“ Kolb machte eine beschwichtigende Handbewegung.

Übung 11: Wie lautet das Gegenteil? Ordnen Sie zu!

1. fragen	a. danken	_____
2. schweigen	b. strecken	_____
3. anfangen	c. antworten	_____
4. beugen	d. sich erinnern	_____
5. verlieren	e. reden	_____
6. bitten	f. beenden	_____
7. vergessen	g. finden	_____

Karla dagegen zeigte weniger Einfühlungsvermögen: „Es ist keine Straftat, Herr Dr. Schneider, aber es ist peinlich, nicht wahr?“

„Meine Frau ...“ Herr Dr. Schneider verlor ein wenig Farbe und schluckte schwer. Dann fasste er sich wieder und fragte streng: „Was ist also mit diesen Fotos?“

„Genau das wollten wir *Sie* fragen.“ Der Kommissar legte den Kopf ein wenig schief und sah Herrn Schneider aufmerksam an. „Kennen Sie diese Bilder und kennen Sie einen Bogdan Deeken? Wurden Sie mit den Fotos erpresst?“

„Erpresst? Nein, so ein Blödsinn.“ Dr. Schneider ging unruhig auf und ab. „Es ist nicht zu fassen! Fotos von mir und Sabrina! Der ‚Gentle-Club‘ verspricht doch äußerste Diskretion! Ich bin Stammkunde im ‚Gentle-Club‘. Ich weiß, wer dort ein und aus geht. Ich werde allen erzählen, dass ich fotografiert wurde. Dann werden sie ja sehen!“

„Wir fragten Sie nach Bogdan Deeken. Sagt Ihnen der Name etwas?“ Karla trat einen Schritt vor, doch der Geschäftsmann wich nicht zur Seite. Seine Augenbrauen zogen sich verärgert zusammen.
„Nein, nie gehört.“
„Wir danken Ihnen“, sagte Kolb und bedeutete Karla mit einer Kopfbewegung, dass er das Gespräch für beendet hielt.
„Kann ich die Fotos haben?“, fragte Herr Dr. Schneider und hielt Kolb am Arm fest.
„Sicher.“ Der Kommissar händigte ihm das Fotomaterial aus. „Und ich möchte Sie bitten, über diese Fotos kein weiteres Wort zu verlieren. Wir stecken mitten in den Ermittlungen. Wir werden uns bei Ihnen melden, wenn wir mehr wissen“, fügte Kolb eindringlich hinzu.
Dr. Schneider murmelte etwas. Es klang wie eine Zustimmung.

„So sind die Männer!“, ärgerte sich Karla, als sie wieder auf die Straße traten. „Sie zahlen viel Geld für die Liebe und danach wollen sie es sofort wieder vergessen. Soll er doch dazu stehen, dass er Dauergast im ‚Gentle-Club‘ ist. Ich finde das zum Kotzen!“
„Vielleicht steht er ja dazu“, sagte Kolb belustigt. „Nur seine Frau vielleicht noch nicht.“
„Meine Güte“, schnaufte Karla. „Ich verstehe die Männer nicht.“
„Sie haben Vorurteile“, antwortete Kolb. „Nur Vorurteile. Aber nun lassen Sie uns überlegen, wie wir weiter vorgehen. Bogdan Deeken hat Fotos von Gästen eines Freudenhauses gemacht. Und zwar von prominenten Gästen. Was wollte er mit diesen Bildern machen? Die Prominenten erpressen? Hat sich dabei einer der Erpressten gewehrt? Wurde Deeken deswegen zusammengeschlagen?“
„Aber Herr Dr. Schneider wusste von den Fotos nichts“, gab Karla zu bedenken.

„Das mag sein, aber die Fotos waren auch noch nicht entwickelt", überlegte Kolb. „Als wir sie fanden, steckten sie noch in der Kamera. Bogdan Deeken hatte diese Fotos selbst noch nicht gesehen. Wer weiß, wie lange die Kamera dort schon unter dem Tisch klebte. Vielleicht besitzt Bogdan Deeken schon eine Menge anderer Fotos von anderen Prominenten."

„Wir sollten nochmals in seine Wohnung gehen und uns umschauen", schlug Karla vor.

„Machen Sie das", sagte der Kommissar. „Ich gehe in der Zwischenzeit in den ‚Gentle-Club'." Grinsend fügte er hinzu: „Rein beruflich, natürlich."

Übung 12: ***als, wenn*** *oder* ***wann****? Entscheiden Sie und setzen Sie ein!*

ÜBUNG 12 !

1. Die Fotos waren noch in der Kamera, _____ Kolb sie fand.
2. _____ er im Whirlpool war, wurde er fotografiert.
3. _____ Bogdan im Club war, brauchte er nie Geld.
4. Karla wollte wissen, _____ Kolb in Rente geht.
5. Kolb fiel hin, _____ er die Bar verließ.
6. Die Leute waren oft unfreundlich, _____ Kolb sie verhörte.
7. Keiner wusste, ____ das Opfer aus dem Koma erwachen würde.
8. _____ Kolb die Augen öffnete, entdeckte er etwas.

Als Kolb das nächste Mal die kleine Bar des ‚Gentle-Club' betrat, war es später Nachmittag. Ein einzelner Gast saß mit einer jungen Dame in einer kleinen, abgetrennten Nische. „Hat sich Bogdan Deeken in irgendeiner Weise auffällig benommen?", fragte Kolb Niko Busse höflich.

„Wie meinen Sie das?", entgegnete dieser gelangweilt. Er kontrollierte die Flaschen in dem großen Regal hinter der Bar. Auf einem kleinen Zettel notierte er die Namen der fast geleerten Alkoholika.

„Nun, hatte er plötzlich mehr Geld oder wollte er aufhören zu arbeiten?", fragte Kolb vorsichtig nach.
„Mehr Geld?" Niko Busse lachte auf. „Bogdan hatte nie Geld. Aber das brauchte er auch nicht. Hier gibt es doch alles: Essen. Trinken. Ein Dach über den Kopf. Wir sind eine große Familie, wissen Sie?"
„Eine Familie, so so." Kolb sah über seine Schulter zu der Prostituierten, die gerade an ihrem Sektglas nippte. Ihre Blicke kreuzten sich für einen kurzen Moment.
„Hatte Bogdan einen festen Arbeitsplatz? Irgendeinen Ort, an dem er sich oft aufgehalten hat, wenn er hier war?"
Der Besitzer sah den Kommissar scharf an. „Meine Geduld ist nur begrenzt. Das hier ist mein Laden und ich habe keine Lust, dass hier rumgeschnüffelt wird, verstanden? Bogdan Deeken arbeitet hier, o.k. Er wurde zusammengeschlagen, o.k. Aber er wurde überfallen, oder nicht? Suchen Sie doch die Schläger! Was habe ich damit zu tun? Ich bin Geschäftsmann, kein Räuber. Gehen Sie jetzt. Ich habe Ihnen schon einmal gesagt, dass Sie mit Ihrer Anwesenheit die Gäste vergraulen. Auf Wiedersehen."
Kolb sah ein, dass er hier nicht weiterkam. Er rutschte von dem Barhocker und ging zur Tür. Auch das Mädchen erhob sich mit ihrem Sektglas. Der Kommissar ging an ihr vorbei und fiel von einem Moment auf den anderen der Länge nach auf den Boden.
„Oh, Entschuldigung", hörte er eine weibliche Stimme sagen. „Habe ich Ihnen aus Versehen ein Bein gestellt? Das tut mir aber leid! Kann ich Ihnen aufhelfen?"
Kolb drehte seinen Kopf und blickte auf rosa Pumps und weitmaschige, schwarze Strumpfhosen.
„Geht schon", stöhnte er leise und rappelte sich auf.
Das Mädchen zog ihn am Arm, während Niko Busse genervt zu ihnen hinübersah.

„Oben auf dem Dachboden", flüsterte die junge Frau plötzlich eindringlich. „Er war immer oben auf dem Dachboden!" Laut fügte sie hinzu: „Die Toilette ist hier den Gang hinunter. Da können Sie sich sauber machen." Sie wischte ihm über seinen vom Sekt nassen Pullover.

„Danke", antwortete er, nickte Busse zu und verließ die Bar. Sofort fand er am Ende des Ganges die Treppe nach oben. Hastig nahm er zwei Stufen auf einmal. Niemand beobachtete ihn. Als er die Tür zum Dachboden öffnete, hielt er sich einen Moment lang die Hand auf das Herz. Dann sah er sich keuchend um.

Übung 13: Lesen Sie weiter und geben Sie von den Verben im Präteritum jeweils den Infinitiv an!

Gemütlich hatte (1. ________) es sich Deeken in dem kleinen Raum unter dem Dach gemacht. Ein dicker, großer Lehnsessel und eine Stehlampe standen (2. ________) in einer Ecke. Sogar ein schmales Bett befand (3. ________) sich unter der schrägen Wand. Kolb trat (4. ________) an das Fenster. Von hier oben konnte (5. ________) man bis auf den Elbkanal blicken. Gerade schwangen (6. ________) die Docks auf und ließen (7. ________) ein Schiff hinein. Der Kommissar setzte (8. ________) sich mit einem herzhaften Gähnen in den Lehnsessel. Stille. Kolb schloss (9. ________) die Augen und atmete (10. ________) langsam ein und aus. Ein und aus. Er merkte (11. ________), wie müde er schon wieder war (12. ________). Als er die Augen öffnete (13. ________), fiel (14. ________) sein Blick auf einen roten Backstein in der Wand. Er stand (15. ________) ein wenig heraus. Kolb merkte (16. ________), wie es an seiner Kopfhaut kribbelte (17. ________). Sofort war er wieder hellwach. Der Backstein ließ sich mühelos aus der Wand herausziehen.

„Sehen Sie?“, fragte der Kommissar am nächsten Morgen begeistert. „Die Fotos sind geordnet und mit Namen, Datum und Uhrzeit versehen. Bogdan Deeken hat sich da eine wunderbare Kartei angelegt!“

„Ja. Alle sind berühmte Persönlichkeiten. Sogar international bekannt! Dieser Bogdan Deeken hat da ziemlich heißes Material gesammelt“, stellte Karla beinahe bewundernd fest.

„Und alle diese Prominenten sind Verdächtige!“ Kolb schlug sich mit einer Hand auf das Knie. „Bogdan Deeken hat sie erpresst mit den Bildern. Und einer von ihnen hat sich gerächt. Ich wette mit dir, dass Bogdan überfallen und zusammengeschlagen wurde wegen dieser Fotos. Es sollte nur aussehen wie Raub. Zur Ablenkung.“

„Aber was haben Sie jetzt vor?“, fragte Karla. „Sollen wir jetzt die ganzen Prominenten verhören? Und was bringt uns das? Mit Sicherheit wird keiner von ihnen zugeben, dass er Bogdan Deeken beinahe umgebracht hat, nachdem er mit schmierigen Fotos erpresst wurde.“

„Ich muss darüber nachdenken.“ Kolb rieb sich die Augen. Er griff nach der Mappe und blätterte nachdenklich die Seiten durch. „Was ist denn das?“ Auf der Rückseite eines Fotos war mit Kugelschreiber eine Notiz vermerkt. „Freitag, 10 Uhr, ‚Café Tingel‘“, entzifferte der Kommissar das Gekritzel. „Vielleicht hat er sich für dieses Treffen seinen Anzug gekauft. Mit wem er sich wohl verabredet hat?“

Karla sah auf die Uhr. „Jetzt ist es halb zehn“, stellte sie fest.

Kolb und Karla blickten sich wortlos an. Dann standen sie beide gleichzeitig auf und hasteten aus dem Büro.

Übung 14: Welche Verben und Substantive gehören zusammen?

1. einen Verdächtigen	a. verdienen	_____
2. im Krankenhaus	b. schütteln	_____
3. den Kopf	c. veröffentlichen	_____
4. Geld	d. anstellen	_____
5. Fotos	e. liegen	_____
6. Spekulationen	f. verhören	_____

Das ‚Café Tingel' war im Kiez eine bekannte Einrichtung. Hier trafen sich die Leute aus dem Milieu mit den Leuten von der Presse und verkauften ihre Informationen. So wunderte es Kolb auch nicht besonders, als ein junger Mann mit einem Laptop unter dem Arm in das noch leere Café eintrat und sich suchend umblickte. Kolb winkte mit einem Arm.

„Hier sind wir!", rief er munter von seinem Platz aus.

„Sie sind Bogdan Deeken?", fragte der Mann erstaunt und blieb mit gerunzelter Stirn vor dem runden Tisch stehen.

„Nicht ganz", gab Kolb zu.

„Nicht ganz?", wiederholte der Journalist verwirrt.

„Bogdan Deeken liegt im Krankenhaus. Wir sind sozusagen seine Vertretung." Kolb stand auf und schüttelte dem Mann die Hand. „Kriminalpolizei Hamburg. Kolb mein Name. Und das ist Karla Reiss, meine Kollegin!"

Karla nickte dem Mann zu. „Sie wollten sich heute mit Bogdan Deeken hier treffen? Wozu?"

Der junge Mann setzte sich zu den beiden Kommissaren und beugte sich verschwörerisch nach vorne.

„Herr Deeken hat mich angerufen. Er wollte mir heißes Material verkaufen. Verstehen Sie? Bilder von Politikern, Schauspielern, Künstlern ... alles Personen, die sich in der Öffentlichkeit als klei-

ne Engelchen darstellen. Ich sage Ihnen: Als Herr Deeken bei mir anrief, bekam ich ganz weiche Knie. Die Namen, die er nannte! Ein Traum! Ich sah schon den Aufmacher vor mir: ‚So feiern die Promis!' Untertitel: ‚Was Saubermänner wirklich treiben.'" Mit leuchtenden Augen blickte er Kolb und Karla an. Diese konnten allerdings nicht viel Begeisterung für diese Vision aufbringen.
„Ja, verstehen Sie denn nicht?" Der Journalist schüttelte verärgert den Kopf über so viel Unverständnis. „Manche Blätter machen mit solchen Geschichten Millionen! Sie haben keine Ahnung! Ich wollte die Bilder an die gesamte Boulevardpresse dieses Landes verkaufen!"
„Was sind Fotos solcher Art denn wert?", fragte Kolb interessiert.
„Keine Ahnung. Ich habe sie schließlich noch nicht gesehen. Und ich werde sie wohl auch nicht mehr sehen, oder?" Der Journalist riss für einen Moment hoffnungsvoll die Augen auf, doch Kolb und Karla schwiegen. „Na ja", fuhr der Mann enttäuscht fort, „ein fünfstelliger Betrag ist für solche Fotos schon möglich."
„Danke", sagte Kolb und erhob sich.

ÜBUNG 15 !

Übung 15: Lesen Sie weiter und unterstreichen Sie die Wörter, die großgeschrieben werden müssen!

vor der tür blieben karla und kolb stehen und sahen eine weile dem treiben auf der friedrichstraße zu.
„bogdan deeken hat niemanden erpresst, chef", sagte karla schließlich leise. „bisher weiß noch niemand von den fotos! erpressung hat er sich wahrscheinlich gar nicht zugetraut. aber durch den verkauf der fotos lässt sich einiges geld verdienen."
„so ist es. natürlich musste es genug sein, um sich danach eine neue existenz aufzubauen. denn im ‚gentle-club' hätte er nach der veröffentlichung der bilder nicht mehr arbeiten können."
wieder schwiegen die beiden eine weile.

„Aber irgendjemand hat etwas mitbekommen. Es war jemand, der mit der Veröffentlichung der Bilder absolut nicht einverstanden war“, meinte Karla schließlich.
Kolb und Karla drehten gleichzeitig ihre Köpfe zueinander und öffneten den Mund.
„Niko und Laura Busse!“, riefen sie und fassten sich an die Stirn. Ein Passant, der gerade an ihnen vorbeiging, blickte sie belustigt an. Doch die Kommissare achteten nicht mehr auf ihre Umwelt.
„Natürlich!“ Kolb wippte auf seinen Zehenspitzen hin und her. „Die Busses haben diesen exklusiven Laden aufgemacht. Dort verkehren berühmte und reiche Gäste. Viele von ihnen verlangen äußerste Diskretion. Wenn die Boulevardpresse aber die Fotos veröffentlicht, können Niko und Laura Busse ihr Etablissement schließen!“
„Sie ertappten Bogdan Deeken beim Fotografieren und verpassten ihm eine gehörige Lektion! Deshalb riefen die Schläger auch: ‚Das soll dir eine Lehre sein!‘“
„Hmm“, machte Kolb und überlegte eine Weile.
„Was machen wir jetzt?“, brach Karla schließlich das nachdenkliche Schweigen. „Wir haben keinerlei Beweise! Wie können wir die Busses überführen?“
„Ich habe da eine Idee“, sagte Kolb geheimnisvoll. „Ich muss nur ein wenig telefonieren.“

Kolb musste keine lange Überzeugungsarbeit leisten. Herr Dr. Schneider war sofort bereit zu dem geplanten Abenteuer. Abends trafen sie sich vor dem Kriminalamt und fuhren gemeinsam Richtung Reeperbahn.
„Das habe ich mir schon als Kind immer gewünscht!“, sagte Schneider und gab einen aufgeregten, quietschenden Ton von sich. „Der Polizei bei der Aufklärung eines Falles helfen. Unter Einsatz des eigenen Lebens!“

„So wild wird es schon nicht werden“, zügelte der Kommissar die Begeisterung des Geschäftsmannes. „Sie sind ja nicht wirklich in Gefahr.“ Er klopfte seinem Kollegen neben sich auf die Schulter. „Sehen Sie: Wir sitzen hier alle in diesem Lkw und hören jedes Wort, das Sie sagen. Wenn wir auch nur den Hauch einer Gefahr wittern, sind wir bei Ihnen. Sie haben nichts zu befürchten.“

„Ich befürchte doch gar nichts!“, rief Dr. Schneider und knetete seine Hände. „Das wird ein toller Spaß!“

„Ich weiß nicht, ob das so eine gute Idee war“, raunte Karla ihrem Chef zu. „Dieser Dr. Schneider scheint mir ein ganz schöner Kindskopf zu sein.“

„Na und?“, gab Kolb zurück und wandte sich wieder lächelnd seinem Lockvogel zu.

Dann war es soweit. In sicherer Entfernung vom ‚Gentle-Club‘ ließen die Beamten Dr. Schneider aus dem Wagen. Das Kabel mit dem Mikrofon klebte unauffällig unter seiner Armbanduhr.

„Sie wissen, was zu tun ist?“, fragte Kolb und Schneider nickte. „Wir sind bei Ihnen. Also viel Glück!“

Dr. Schneider machte sich auf den Weg und saß nur wenige Minuten später im Büro des ‚Gentle-Club‘. Währenddessen hatten sich die Beamten alle um den Techniker im Lkw versammelt und horchten gespannt der einsetzenden Unterhaltung.

„Wo drückt denn der Schuh, Herr Dr. Schneider?“, fragte Laura besorgt.

„Ich werde erpresst!“, rief der Geschäftsmann und warf die Fotos auf den Schreibtisch.

„Mit diesen Bildern?“ Niko Busse griff nach den Abzügen und besah sie sich genauer. Seine Augen weiteten sich vor Entsetzen. Wortlos reichte er die Fotos an seine Frau weiter.

„Aber das ist ja ...“, stammelte sie und ließ die Bilder sinken. „Wir haben damit nichts zu tun, Herr Dr. Schneider, das müssen Sie uns glauben!“

„Sie haben keine Ahnung von den Bildern? Ach, tun Sie doch nicht so. Ich weiß, dass es einer Ihrer Mitarbeiter war. Bogdan Deeken. Ich habe diese Fotos vor ein paar Tagen anonym zugesandt bekommen. Aber ich bin nicht dumm. Es hat ein bisschen gedauert, aber nun bin ich mir sicher. Dieser Deeken erpresst mich! Ich erwarte, dass Sie sofort etwas in dieser Angelegenheit unternehmen!“

„Darf ich einen Moment mit meiner Frau allein sprechen?“ Niko Busse nahm Laura an die Hand und führte sie hinaus. „Wir sind sofort wieder für Sie da.“

Kolb und seine Kollegen hörten das Schlagen einer Tür, dann war Stille.

„Keine Ahnung, was die da treiben“, hörten sie Dr. Schneider flüstern. „Aber ich glaube, sie haben angebissen.“

Übung 16: Ist der Satz hinter dem Komma ein Hauptsatz (H) oder ein Nebensatz (N)? Entscheiden Sie!

ÜBUNG 16 !

1. Ich habe keine Ahnung, was die machen. (   )
2. Sie meinen das vielleicht, aber ich bin nicht dumm. (   )
3. Karla und Kolb glaubten, dass Busses die Täter waren. (   )
4. Die Busses gingen raus, weil sie etwas besprechen wollten. (   )
5. Dr. Schneider war außer sich, denn er war auf den Fotos. (   )
6. Kolb brauchte Hilfe, also bat er Dr. Schneider darum. (   )
7. Er wollte eingreifen, wenn er den Hauch einer Gefahr spürte. (   )

„Wir wollen ganz offen mit Ihnen sein, Herr Dr. Schneider“, sagte Niko Busse, als sich die Tür nach einer Weile wieder öffnete.

„Ich bitte darum“, antwortete der Geschäftsmann kühl.
„Wir hatten von den Fotos absolut keine Ahnung und sind genauso empört über den Vorfall wie Sie, Herr Dr. Schneider.“
„Keine Ahnung von den Fotos?“, rief Kolb im Lkw aus. „Der lügt doch!“
„Pssst!“, erklang es von seinen Kollegen.
„Empört?“ Dr. Schneiders Stimme klang schneidend vor Wut. „Ich bin außer mir! Sie können den Laden schließen! Ich kenne in dieser Stadt jeden! Niemand mehr wird auch nur seinen kleinen Zeh in Ihren Schuppen hier setzen.“
„Wir brauchen im Moment keine Angst vor Bogdan Deeken zu haben“, beschwichtigte ihn Laura. „Er liegt im Krankenhaus.“
„Ach wirklich? Warum?“, tat Schneider erstaunt.
„Wir hatten vor ein paar Tagen schon einmal Ärger mit ihm“, erklärte Niko Busse ruhig. „Bogdan Deeken hatte ein Verhältnis mit einer Dame unseres Hauses. Sie verstehen, so etwas sehen wir gar nicht gerne. Herr Deeken weiß, dass wir Liebesgeschichten in unserer Einrichtung nicht dulden. Da haben wir ihm eine kleine Lektion erteilt. Sie ist etwas härter ausgefallen, als ich es angeordnet hatte. Aber wie sich nun herausstellt, ist das ja beinahe ein Glücksfall. Ich glaube nicht, dass Sie sich noch Sorgen machen müssen um diese Fotos. Wie Sie sehen, greife ich hart durch. Beruhigt Sie das ein wenig?“
„Wenn Deeken aber wieder herauskommt aus dem Krankenhaus?“, fragte Schneider entrüstet. „Was ist dann?“
Es entstand ein längeres Schweigen.
„Ich habe mich schon darum gekümmert.“ Niko Busse erhob seine Stimme. „Denken Sie, ich lasse mir meinen ‚Gentle-Club‘ kaputt machen? Von wegen! Ich war dreimal im Gefängnis! Ich bin in meinem Leben schon oft im Dreck gelandet. Doch ich bin immer wieder aufgestanden. In den dunkelsten, miesesten Löchern

habe ich gearbeitet. Jetzt gehört mir der ‚Gentle-Club', die heißeste Adresse der Stadt. Denken Sie, ich lasse es zu, dass so ein dahergelaufener Wicht wie Bogdan Deeken ..."
„Ich glaube, wir haben genug gehört", meinte Kolb zufrieden und strich sich über den Bauch. „Zugriff!"

Übung 17: Setzen Sie die Verben im Präteritum ins Perfekt!

ÜBUNG 17 !

1. ging	____________	6. sprang	____________
2. wusste	____________	7. drehte	____________
3. saß	____________	8. riss	____________
4. schüttelte	____________	9. war	____________
5. hatte	____________	10. ließ	____________

Der Rest ging sehr schell. Niko und Laura Busse waren so überrascht von dem Eindringen der Polizisten, dass sie sich ohne Gegenwehr abführen ließen.
„Wussten Sie wirklich nichts von den Fotos?", fragte Kolb den Besitzer des ‚Gentle-Club', als sie gemeinsam im Streifenwagen saßen.
Niko Busse schüttelte den Kopf.
„Dann war das ja ein richtiger Zufall!" Kolb lächelte vergnügt. „Wir dachten, dass Sie Deeken wegen der Bilder beinahe umgebracht haben. Aber das war es gar nicht. Na, das kann uns im Grunde egal sein. Auftragsmord ist Auftragsmord, nicht wahr?"
Niko Busse bedachte Kolb mit einem seltsamen, langen Blick.
„Moment mal", flüsterte der Kommissar. Er merkte, wie seine wenigen Haare sich plötzlich einen Millimeter aufstellten. „Schnell, zum Krankenhaus!", schrie er den Fahrer an. Mit heulenden Sirenen wendete der Polizeiwagen und raste die Hafenstraße entlang.
„Was haben Ihre Worte zu bedeuten: ‚Ich habe mich sofort darum

gekümmert'!", brüllte Kolb und schüttelte den schweigenden Mann. Als sie das Krankenhaus erreichten, sprang Kolb in einer überraschenden Geschwindigkeit, die ihm nun wirklich niemand mehr zugetraut hatte, aus dem Wagen. Er rannte auf das hell erleuchtete Gebäude zu. Auf den letzten Stufen zum ersten Stock drehte er sich plötzlich um und riss dem Polizisten hinter sich die Dienstwaffe aus der Hand.

„Gebe ich Ihnen gleich wieder!", keuchte er und hastete dann den langen Flur entlang.

Bei Zimmer 123 riss er die Tür auf.

„Hände hoch und keine Bewegung!", schrie er aufgebracht.

Die drei Männer drehten sich langsam um. Einer von ihnen ließ beim Anblick des Kommissars ein kurzes Messer fallen.

„Sie haben gerade von Niko Busse den Auftrag bekommen, Bogdan Deeken endgültig umzubringen, nicht wahr?", fragte Kolb leise.

„Abführen!", sagte er zu seinen Kollegen und trat an das Krankenbett.

Das Zimmer leerte sich. Kolb kam langsam wieder zu Atem. Tief in Gedanken betrachtete er das blasse Gesicht des Schlafenden.

„Vielleicht wird doch noch alles gut", sagte eine Stimme hinter ihm.

Kolb drehte sich erschrocken um und stieß dabei mit seinem vorstehenden Bauch eine schmale Vase vom Beistelltisch. Die Scherben verteilten sich im ganzen Zimmer.

„So ein Mist!", schimpfte der Kommissar.

Das Mädchen an der Tür verzog das Gesicht zu einem kleinen Lächeln. Kolb erkannte sie sofort. Es war die junge Frau, die ihm das Versteck auf dem Dachboden verraten hatte.

„Scherben bringen Glück!", entschuldigte sich der Kommissar und lächelte verlegen.

Der letzte Gast

Als Kolb sein Büro betrat, klingelte schon sein Telefon. So schnell es sein beleibter Körper zuließ, hastete er durch den Raum.
„Ja bitte?", schrie er in den Hörer, doch nur ein langes Tuten antwortete ihm.
„Egal", brummte der Kommissar. Er rieb sich die Hände und räumte seinen Schreibtisch auf, wie jeden Freitag. Mit vielen Seufzern und einigen Flüchen sortierte er seine Post. Dann übergab er die Kaffeetassen, die sich während der Tage auf seinem Tisch gesammelt hatten, seiner Sekretärin. Diese schlug, wie jede Woche, verzweifelt die Hände zusammen. Sie schielte sehr, sehr vorsichtig und überaus angeekelt über den Rand ihrer Brille in die Tassen hinein.
Wie gewohnt schimpfte sie: „Eine Schweinerei ist das, Herr Kolb. Dieser uralte Kaffee, der da vor sich hingammelt! Lassen Sie mich doch endlich Ihre gebrauchten Tassen aus dem Büro räumen! Und erlauben Sie der Reinigungskraft, auf Ihrem Schreibtisch abzustauben!"
Und wie jedes Mal antwortete Kolb: „Nein, das erlaube ich nicht! Wenigstens über meinen Schreibtisch bin ich noch der alleinige und uneingeschränkte Herrscher, verstanden?"
Das Telefon in seinem Büro klingelte erneut. Doch der Kommissar beachtete das Läuten gar nicht. An der Tür des Vorzimmers drehte er sich um, verzog seine Augen zu kleinen Schlitzen und drohte: „Ich kann übrigens schon bis fünf zählen, Frau Mink. Sie haben mir gestern eine meiner Tassen heimlich vom Schreibtisch entwendet. Denken Sie, mir wurde in den letzten Tagen das Gehirn amputiert? Ja, das wünschen Sie sich vielleicht. Aber noch bin ich hier der Chef. Also: Finger weg von meinem Schreibtisch und allen Gegenständen, die sich auf diesem befinden. Sonst gibt es Ärger. Jawohl!"

*Übung 1: Lesen Sie weiter und setzen Sie die passenden Präpositionen in die Lücken! **(an, aus, in 3x, mit 2x, unter, zur)***

Die Sekretärin sah ihn einen Moment wortlos an, dann nahm sie das Telefonat 1. _____ ihrer Tochter wieder auf. Ihr jüngstes Enkelkind hatte 2. _____ der letzten Nacht Bauchschmerzen gehabt. Da gab es natürlich einiges zu beratschlagen.
Der Kommissar stampfte hinaus auf den Gang 3. _____ Toilette und rupfte 4. _____ dem Papierspender einige Blätter heraus, hielt sie 5. _____ den Wasserhahn und eilte vornüber gebeugt 6. _____ dem tropfenden Papier zurück 7. _____ sein Büro. Als er die Tür öffnete, klingelte schon wieder das Telefon, hörte aber 8. _____ dem Moment auf, als Kolb 9. _____ seinem Schreibtisch anlangte.

„Wird schon nicht so wichtig gewesen sein!“, dachte der Kommissar.
Mit weit ausholenden Bewegungen wischte er über die freie Tischplatte. Dann fuhr er, etwas vorsichtiger, mit dem feuchten Papier um die übrig gebliebene Post und die Tastatur seines Computers herum und ließ sich schließlich erschöpft in seinen Drehstuhl fallen.
„Frau Mink! Ist der Kaffee schon fertig?“, brüllte er in Richtung Vorzimmer.
Ein paar Minuten später öffnete sich die Tür.
„Ah ...“, rief Kolb erfreut. „Ein leckeres Tässchen ...“
Doch es war nur Karla Reiss, seine Kollegin.
„Mord in einer Kneipe am Rand von St. Georg“, sagte sie und winkte ihrem Chef zu. „Es sind schon alle da!“
„Was soll das heißen: Es sind schon alle da?“, regte sich Kolb auf. „Warum erfahre ich davon mal wieder als Letzter?“
„Jetzt wissen Sie es doch!“ Karla reichte dem Kommissar unge-

duldig seinen Mantel. „Außerdem konnten wir Sie telefonisch nicht erreichen."
„Ich trinke meinen Kaffee auch kalt. Sie können ihn auf meinen Schreibtisch stellen!" , zischte Kolb seiner Sekretärin ärgerlich zu und drückte sich an ihr vorbei. Die schmale Frau Mink musste den Bauch einziehen und sich gegen den Türrahmen pressen, damit der Kommissar an ihr vorbeikam. Mit der vollen Tasse in der Hand reckte sie den Arm in die Höhe.
„Entweder Sie trinken ihn hier im Stehen oder gar nicht!", entgegnete die Sekretärin schnippisch.
Kolb eilte jedoch schon hinter Karla her.

Übung 2: Lesen Sie weiter und setzen Sie die Verben in der entsprechenden Zeit (Präsens oder Präteritum) und Person ein!

ÜBUNG 2

„Das Opfer 1. (heißen) ________ Olaf Juncker und ist 47 Jahre alt. Er wurde erschlagen." Dr. Neubacher 2. (geleiten) ________ Kolb und Karla hinter die Theke der Kneipe. Er 3. (zeigen) ________ auf den am Boden liegenden Mann. „Die Spuren eines Kampfes sind deutlich zu erkennen. 4. (sehen) ________ Sie?". Der Rechtsmediziner 5. (knien) ________ sich neben die Leiche. „Hier an den Handknöcheln", fuhr Dr. Neubacher fort und 6. (schieben) ________ den Ärmel des Erschlagenen ein Stück nach oben, „sind die gleichen Wunden zu finden wie am Kopf. Das Opfer hat wahrscheinlich bei den Schlägen den Arm vor die Augen gehalten." Der Rechtsmediziner 7. (machen) ________ es dem Kommissar vor. „Ich 8. (denken) ________, dass das Opfer durch einen kräftigen Schlag auf den Hinterkopf zu Boden gegangen ist. Juncker 9. (drehen) ________ sich auf den Rücken und 10. (werden) ________ dann von vorne mit einem breitkantigen, harten Gegenstand geschlagen."

Kolb betrachtete das Opfer und schüttelte langsam den Kopf. „Die Brutalität der Menschen um uns herum ist immer wieder erstaunlich. Diese Energie zu töten ... So schnell geht ein Mensch doch nicht kaputt! Da braucht es doch eine gehörige Portion Kraft, nicht wahr?“

Der Rechtsmediziner nickte nur und verbot sich jede Antwort. Er kannte den Kommissar. Je länger dieser über Gewalt und Tod nachdachte, umso schlechtere Laune bekam er. Das aber wollte Dr. Neubacher um jeden Preis vermeiden. Er versuchte daher, das Gespräch auf den Täter zu lenken.

„Der Tod trat etwa um zwei Uhr nachts ein. Die Kneipe hat bis um ein Uhr geöffnet. Der Mörder war vielleicht ein später Gast. Was meinen Sie? Jedenfalls ging es um Raub. Sehen Sie? Die Kasse ist offen und ausgeräumt.“

ÜBUNG 3 !

Übung 3: Welche Wörter gehören zusammen?

1. Tisch	und	a. Stadt	______
2. Täter	und	b. Leben	______
3. Tag	und	c. Stuhl	______
4. Tod	und	d. Abend	______
5. Morgen	und	e. Nacht	______
6. Bier	und	f. Opfer	______
7. Land	und	g. Schnaps	______

„Wir müssen die Gäste des letzten Abends ausfindig machen“, überlegte Karla. Sie saß an der Bar und stützte ihren Kopf in die Hände. „Vielleicht haben sie etwas gesehen oder bemerkt. Oder einer von ihnen war der Täter. Immerhin wurde Olaf Juncker von hinten geschlagen. Das deutet darauf hin, dass er den Täter kannte.“

Lerchinger von der Spurensicherung gesellte sich zu ihnen.

„Heiko Klaasen, der den Toten gefunden hat, wohnt direkt über dem Laden hier. Er war gestern Abend zu Gast und ging dann etwa um elf Uhr nach Hause. Heute Morgen wollte er auf ein Bier zum Frühstück bei Olaf Juncker vorbeischauen. Die Tür war offen. Herr Klaasen fand das Opfer und rief sofort die Polizei an."

„Ich dachte, Sie sind von der Spurensicherung?", schnauzte Kolb seinen Kollegen an. „Warum vernehmen Sie einen wichtigen Zeugen?"

„Ich habe ihn nicht vernommen!", verteidigte sich Lerchinger. „Er hat es mir einfach erzählt!"

„Was hat er sonst noch erzählt?"

„Fragen Sie ihn doch selbst!", gab Lerchinger beleidigt zurück und deutete auf die Glastür.

Durch die Scheibe erkannte der Kommissar einen Mann, der an einem der Streifenwagen lehnte und rauchte.

„Sie waren gestern Abend hier?", fragte Kolb, als er bei Herrn Klaasen anlangte.

„Aber nur bis elf Uhr abends", bestätigte dieser. „Außerdem waren Piet und Paul da. Und drei Jugendliche aus dem Viertel. Die gehen hier zur Schule, in das große Gebäude gleich an der nächsten Ecke. Ich habe sie schon oft auf dem Pausenhof gesehen. Vielleicht können die Ihnen mehr von dem Abend erzählen."

„Piet und Paul?", fragte Kolb nach und Klaasen grinste.

„Zwei homosexuelle Junkies", antwortete er. „Die kommen ab und zu bei Olaf vorbei und wärmen sich zu dieser kalten Jahreszeit ein wenig auf."

„Verstehe", sagte Kolb und zückte sein Notizbuch. „Wer, sagten Sie, war noch im ‚Bierschuppen', als Sie gingen?"

Nach etwa einer halben Stunde hatte Kolb genug gehört und machte sich mit Karla auf die Suche nach den späten Gästen. Sie fuhren zurück ins Kriminalamt, um sich dort vom Computer helfen zu lassen.

Übung 4: Setzen Sie den richtigen Artikel ein und bilden Sie den Plural!

1. _____	Jacke	_______________
2. _____	Erzählung	_______________
3. _____	Laune	_______________
4. _____	Spritze	_______________
5. _____	Kollege	_______________
6. _____	Zeit	_______________
7. _____	Typ	_______________

Den zuständigen Kollegen des Drogendezernats waren die jungen Männer bestens bekannt. So dauerte es nicht lange, bis die Kommissare Piet und Paul vor sich sitzen hatten. Kolb betrachtete sie mitleidig. Beide waren Mitte zwanzig, sahen jedoch mindestens zehn Jahre älter aus. Ihre dünnen Beine steckten in schwarzen, engen Jeans und ihre Jacken waren für die Jahreszeit viel zu dünn. Selbst ihre Hälse waren mit den Einstichstellen zahlreicher Spritzen übersät. Kolb seufzte schwer. Dann ließ er Paul abführen und wandte sich Piet zu.

„Darf ich hier rauchen?", fragte dieser und zog aus seiner Hosentasche eine zerknüllte Tüte mit Tabak.

„Eigentlich nicht", entgegnete der Kommissar, gab aber durch eine Kopfbewegung zu verstehen, dass es ihm gleichgültig war.

„Olaf hat uns alle miteinander um etwa ein Uhr nachts rausgeschmissen. Paul und ich haben nichts getan", begann Piet das Gespräch, während er sich eine Zigarette drehte.

„Dass wir da unsere Zweifel haben, werden Sie uns sicherlich verzeihen", sagte Karla streng. „Sie sind immerhin schon mehrmals auffällig geworden: Drogenhandel, Diebstahl, Raub, Prostitution ... habe ich etwas ausgelassen?"

„Wir haben noch niemanden umgebracht. Das haben Sie vergessen zu erwähnen.“ Piet hob den Kopf und steckte sich seine Zigarette in den Mund. Seine Hand zitterte, als er sie anzünden wollte.
„Wie ist der gestrige Abend verlaufen?“, fragte Kolb.

*Übung 5: Lesen Sie weiter und setzen Sie die Pronomen in die Lücken! **(er 4x, es 2x, ich, sie, uns 5x, wir 3x)***

ÜBUNG 5 !

„1. _____ sind so um halb elf in den ‚Bierschuppen‘ gegangen. Olaf war echt nett. 2. _____ hatte immer mal ein Bier umsonst für 3. _____ übrig“, begann Piet seine Erzählung. „Leider waren gestern wieder diese Halbstarken da. Drei Jungs aus dem Viertel. Die machen immer Ärger. 4. _____ hassen uns!“ Piet zog wütend an seiner Zigarette. „Einer der drei hatte besonders schlechte Laune. 5. _____ stritt sich mit den beiden anderen. 6. _____ glaube, 7. _____ ging um ein Mädchen. Das zog sich eine ganze Weile so hin. Dann wurde 8. _____ dem Kerl langweilig. 9. _____ nennt sich übrigens Rowdie. Passend, nicht wahr? Jedenfalls ging der Typ auf 10. _____ los. 11. _____ beschimpfte 12. _____ , machte 13. _____ fertig.“ Die Asche von Piets Zigarette fiel auf den Boden des Büros. „Mann! 14. _____ wollten doch nur unsere Ruhe haben! 15. _____ hatten einen echt harten Tag hinter 16. _____ .“

„Was meinen Sie damit, dass er Sie fertiggemacht hat?“, fragte Kolb interessiert.
„Ach, Sie kennen das doch. Der übliche Kram“, antwortete Piet verächtlich. „Er beschimpfte uns, gab uns üble Namen, weil wir homosexuell sind. ‚Abschaum‘ nannte er uns und er wollte sich mit uns prügeln.“
„Und?“
„Nichts und! Paul und ich sind friedliebende Menschen ...“

Karla gab ein schnaubendes Geräusch von sich.

„Doch, doch!", rief Piet aus und sah Karla wütend an. „Wir haben nichts gemacht. Nur zurückgeschimpft eben. Und dann kam auch schon Olaf und hat uns geholfen. Der Typ hat aber nicht sofort Ruhe gegeben, wissen Sie? Er fragte: ‚Du verteidigst diesen menschlichen Müll? Ich fasse es nicht! Du hast wohl im Gefängnis auch nichts anbrennen lassen.'"

„Der Tote war mal im Gefängnis?" Kolb drehte sich fragend zu Karla.

„Olaf Juncker wurde vor einigen Jahren wegen Raubes verurteilt", antwortete Karla. „Als er vor drei Jahren rauskam, hat er sich mit der Kneipe selbstständig gemacht. Das hatte ich vergessen zu berichten."

„Ist doch verrückt", überlegte Kolb. „Er saß tatsächlich wegen Raubes im Gefängnis. Tja, erst ist man auf der einen Seite, dann auf der anderen." Er schwieg für einen kurzen Moment. Dann wandte er sich Piet zu: „Wer war denn noch zu dieser Stunde zu Gast?"

„Diese drei jungen Kerle, dann noch der Uwe, dieser alte Säufer und ... ja, da war noch so ein Typ. Ich hatte gar nicht mitbekommen, wann er in den ‚Bierschuppen' gekommen war. Wird wohl mitten während des Streites gewesen sein. Keine Ahnung. Ich habe ihn jedenfalls vorher noch nie gesehen. Er stand plötzlich an der Theke ... mit einem Koffer neben sich. Genau, er hatte einen Koffer dabei."

ÜBUNG 6 !

Übung 6: Suchen Sie das Wort, das nicht dazupasst!

1. wütend, böse, erfreut, verärgert
2. richtig, unpassend, korrekt, fehlerlos
3. gut, übel, miserabel, schlecht
4. ruhig, lautlos, still, laut
5. griesgrämig, mürrisch, brummig, fröhlich

Kolb und Karla ließen sich den Fremden beschreiben.
„Was ist dann vor der Tür passiert?“, fragte Kolb weiter.
„Nichts.“ Piet ließ seine Zigarette auf den Boden fallen und zertrat sie. „Wir standen erst noch eine Weile vor dem Lokal herum. Dieser Junge hat ein riesiges Geschrei gemacht. Aber Sie wissen ja: Hunde die bellen, beißen nicht. Wir haben uns irgendwann in alle Winde zerstreut. Uwe, der Säufer, wohnt ja sowieso nur zwei Häuser weiter. Sein Spitzname ist Steini, wenn Ihnen das was hilft.“
„Sie brauchten nach dem Rauswurf sicher noch Stoff für die Nacht?“ Karlas Stirn runzelte sich.
„Ja, klar“, gab Piet leise zu.
„Und da sind Sie wieder umgekehrt und haben Olaf Juncker überfallen. Schnelles Geld, nicht wahr? Von den Tageseinnahmen konnten Sie bestimmt ein paar Schuss für sich und Ihren Freund kaufen. Stimmt das?“
„Sie glauben ja doch nur, was Sie wollen!“, meinte Piet gleichgültig und kratzte sich am Kopf. „Machen Sie es sich ruhig einfach.“
„Das ist ein wunderbarer Gedanke!“ Kolb nickte. „Nur noch eine kurze Frage: Wo war eigentlich der Fremde, als Sie alle miteinander rausgeworfen wurden?“
Piet dachte kurz nach.
„Keine Ahnung“, meinte er schließlich, „aber ich glaube, der ist auf dem Bürgersteig stehen geblieben.“

Übung 7: In den folgenden beiden Absätzen stehen sieben Verben an der falschen Stelle. Setzen Sie sie an die richtige Stelle!

ÜBUNG 7 !

Die getrennte Befragung von Piet und Paul brachte keine neuen Erkenntnisse. Beide dasselbe sagten aus. Kolb und Karla vermuteten, dass die beiden Drogenabhängigen mit einer Verhaftung gerechnet und sich hatten vorher abgesprochen. Am Nachmittag

sie fuhren zu Uwe Steinhammer, der zwei Häuser neben dem ‚Bierschuppen' wohnte. Er war leicht zu finden gewesen. Beim Einwohnermeldeamt nur ein Uwe war in dem fraglichen Haus gemeldet.
Steinhammer öffnete erst nach mehrmaligem Läuten. Mit einer griesgrämigen, verschlafenen Miene er starrte den Besuch ohne Gruß an. In seiner Hand hielt er eine Flasche Bier. Kolb schätzte den Mann auf etwa Mitte vierzig. Seine Augenlider geschwollen waren, die Haut übersät mit roten Flecken. Auf seiner Nase und seinen Wangen standen die blauen Adern deutlich hervor. Hinter ihm im Flur dreckige Wäsche lag verstreut auf dem Boden. Kolb rümpfte die Nase. Hier roch es eigentlich genauso wie im ‚Bierschuppen'. Mit einer kleinen Brise alten Schweißes dazu. Im Inneren des Kommissars mischten sich Mitleid und Ekel. Mitleid wegen der offensichtlichen Alkoholsucht des Mannes und Ekel wegen der bedrückenden Symptome dieser Krankheit.
„Herr Steinhammer? Guten Tag, Kripo Hamburg. Wir wollten Sie wegen der letzten Nacht befragen. Wo waren Sie gestern Abend?" Kolb hielt dem Mann seinen Ausweis unter die Nase.
„Wo? Gestern? Unten. Bei Olaf." Steinhammer kraulte mit den Fingern seine Stirn und schloss die Augen. „Habe da gesessen. Wie immer. Was wollen Sie?"
„Herr Juncker ist tot. Er wurde ermordet", sagte Karla knapp.
„Was erzählen Sie da für einen blöden Quatsch?" Der Mann öffnete wieder die Augen und nahm einen großen Schluck aus seiner Flasche.
„Wir sind keine Clowns, mein Herr."
Für einen Moment weiteten sich die Pupillen des Mannes. Ein Zucken und Blinzeln seiner Lider verriet, dass er die Tatsachen nun begriffen hatte und glaubte.
„Ermordet", wiederholte er stumpf.

Übung 8: Schreiben Sie die folgenden Sätze neu. Beginnen Sie mit dem Nebensatz!

1. Ein Zucken und Blinzeln seiner Lider verriet, dass er die Tatsachen nun begriffen hatte.

2. Als er mit uns vor die Tür ging, hatte er den Koffer gar nicht dabei.

3. Bevor wir uns darüber weitere Gedanken machen können, müssen wir noch die letzten Gäste finden.

„Was war gestern Abend im ‚Bierschuppen‘ los?“, fragte Karla.
„Nichts“, antwortete Steinhammer und schob mit dem Fuß eine leere, am Boden liegende Bierflasche beiseite. „Alles wie immer. Irgendeine Rauferei mit so zwei Schwulen, dann war Ende.“
Er beschrieb nochmals den Abend aus seiner Sicht. Dabei schien er eher auf der Seite des jungen Angreifers zu sein. Auch an den Fremden mit dem Koffer erinnerte er sich.
„Hatten Sie den Eindruck, dass sich Olaf Juncker und der Fremde kannten?“
„Schwer zu sagen. Nee, eigentlich nicht. Aber er war irgendwie seltsam. Genau, mir ist da noch etwas aufgefallen. Als er mit uns vor die Tür ging, hatte er den Koffer gar nicht dabei.“
„Wir nehmen Sie mit auf das Präsidium“, sagte Kolb. „Sie müssen uns helfen. Wir brauchen ein Phantombild von dem Fremden.“
„Jetzt?“, fragte Steinhammer und sah an sich hinunter.

„Von mir aus auch im Laufe des Nachmittags." Kolb seufzte und schaute auf seine Uhr.

„Was hältst du von ihm?", fragte Kolb seine Kollegin, als sie wieder auf der Straße standen.
„Ich denke, dass er genauso verdächtig ist wie Piet und Paul. Für einen Schluck Alkohol bringt der doch seine Oma um."
„Kann sein. Allerdings traue ich ihm die Kraft eigentlich nicht zu. Ob er besoffen diesen Olaf Juncker überwältigen konnte? Ich bezweifle das. Piet und Paul dagegen waren zu zweit." Kolb strich sich mit einem Finger über die Nase. „Aber bevor wir uns darüber weitere Gedanken machen können, müssen wir noch die letzten Gäste finden", stellte er fest. „An diese Jugendlichen werden wir sicher schnell kommen. Meistens sind diese Halbstarken in ihrem Kiez so bekannt wie bunte Hunde."
Damit behielt Kolb Recht. Es waren nur einige Befragungen von Anwohnern sowie deren Kinder nötig und sie hatten den wirklichen Namen und die Adresse von ‚Rowdie': Dennis Mohrmann. Sofort machten sie sich auf den Weg. Dennis Mohrmann wohnte in einer großen Mietskaserne direkt an den Bahngleisen. Die Kommissare betraten den Innenhof. In der Mitte standen einige verrostete Klettergerüste. Auf der Bank neben dem winzigen und unbenutzten Sandkasten lungerte eine kleine Gruppe Jugendlicher herum. Sie tranken Bier und unterhielten sich lautstark.

ÜBUNG 9 !

Übung 9: Setzen Sie die Wörter aus der Klammer an den richtigen Stellen in die Lücken! ***(Dienstausweis, Kinn, Schritten, Augen, Jugendlichen, Schultern, Freund, Unterhaltung)***

„Wer von Euch ist Rowdie?" Kolb und Karla gingen mit festen 1. __________ auf die Bande zu.

„Niemand. Was willst Du von ihm?“ Einer der Jugendlichen straffte seine 2. __________. Er reckte sein 3. __________ nach vorne und sah Kolb und Karla frech an.
„Bist Du sein 4. __________? Warst Du gestern mit ihm im ‚Bierschuppen‘?“ Kolb trat näher an den Jungen heran.
„Äh, ja, woher weißt Du ...“
Schon hatten Karla und Kolb den 5. __________ gepackt und zogen ihn beiseite. Seine Freunde protestierten, doch Kolb zückte nur seinen 6. __________.
„Ihr bekommt ihn gleich wieder“, versprach er munter, „nur eine kleine 7. __________.“
„Was wollen Sie von mir, Mann?“, fragte der Junge. Er atmete schwer und sah die Kommissare mit weit aufgerissenen 8. __________ an.

„Wir möchten nur wissen, was gestern Abend passiert ist!“ Kolb ließ den Arm des Jungen los und verschränkte seine Arme vor der Brust. „Erzählen Sie uns von Ihrem Besuch im ‚Bierschuppen‘.“
„Was soll da gewesen sein? Wir waren zu dritt da. Dennis, Holger und ich. Dennis hat dort eine große Show abgezogen. Erst hat er sich mit Holger um Janine gestritten. Das ist so eine Braut aus unserer Klasse. Und als dieses Thema dann nichts mehr hergegeben hat, ist er eben auf diese zwei Junkies los.“
„Er hat aber schnell Ärger mit dem Besitzer des Ladens bekommen, nicht wahr?“, half Karla der Erinnerung des Jugendlichen auf die Sprünge.
Die Miene des Jungen verfinsterte sich.
„Ich muss gar nicht mit Ihnen sprechen, oder? Ich bin immerhin erst siebzehn.“
„Aber bis in die frühen Morgenstunden in Kneipen rumhängen und Alkohol trinken, das kann er dann wieder!“ Kolb wurde rot vor

Ärger. Mit leiser Stimme zischte er: „Du kannst es uns auch jetzt erzählen, Freundchen. Wir haben schon Mittel und Wege, so kleine Nervensägen wie dich zum Sprechen zu bringen. Also, spuck's aus."
„O.k., o.k.! Mann, Sie sind echt krass!"
Karla lachte leise auf und Kolb warf ihr einen vernichtenden Blick zu.
„Dennis war wahnsinnig sauer auf Olaf. Eigentlich vergöttert er den Typen. Wissen Sie, der war mal im Knast und so. Das findet der Dennis echt cool. Er konnte es nicht fassen, dass der Olaf diese beiden Junkies in Schutz genommen hatte. Das kann doch aber wirklich nicht sein! Wir sind seine Freunde und er schmeißt uns einfach aus seinem Laden. Verbündet sich mit Homosexuellen! He, Alter, das war echt finsterster Verrat!"
„Hmm", brummelte Kolb. „Was haben Sie dann gemacht?"
„Wir sind nach Hause, Mann."
„Haben Sie gesehen, wie Dennis in seine Wohnung gegangen ist?"
Der Junge schüttelte den Kopf. Misstrauisch fragte er: „Warum wollen Sie das eigentlich alles wissen?"
„Olaf Juncker wurde gestern Nacht ermordet", erklärte Karla.
Der Junge wurde blass. Erschrocken fragte er: „Sie denken doch nicht etwa, dass Dennis ... Nein, er war zwar sauer auf Olaf, aber der bringt doch niemanden um ... und ich habe Ihnen die Story erzählt. Oh Mann ..."
„Dennis allein war das sicher nicht", erwiderte Kolb freundlich. „Ich glaube kaum, dass er gegen Olaf Juncker eine Chance hatte. Aber mit zwei Freunden ..." Der Kommissar hob fragend die Hände.
„Aber ich ..."
„Passen Sie auf. Sie bringen uns diesen Dennis und dann unterhalten wir uns alle nochmals in Ruhe in meinem Büro, o.k.?" Kolb

lächelte aufmunternd und klopfte mit seinem Zeigefinger auf seine Uhr. „In einer Stunde seid ihr da, alles klar? Ich kann nur so viel sagen: Macht keine Dummheiten und arbeitet brav mit. Dann habt ihr nichts zu befürchten."

Übung 10: Ordnen Sie die Buchstaben zu einem sinnvollen Wort!

1. ravter	__________	5. cencha	__________
2. lokohal	__________	6. nirst	__________
3. gohnwun	__________	7. dumtenheim	__________
4. tanch	__________	8. heur	__________

Karla und Kolb ließen den Jungen stehen und gingen den gepflasterten Weg entlang.
„Sie glauben doch nicht wirklich, dass es diese Grünschnäbel waren, oder?" Karla stieß den Kommissar mit ihrem Ellenbogen in die Seite. „Sie haben den Armen ganz schön erschreckt!"
Der Kommissar grinste. „Verdächtig sind sie schon. Immerhin hatten sie eine riesige Wut auf diesen Olaf. Aber trotzdem scheint es mir recht unwahrscheinlich, dass die Jungs die Täter sind. Sie geben zwar vor, harte Kerle zu sein, aber richtig überzeugend kommt das nicht rüber, oder?"
Da konnte ihm seine junge Kollegin nur recht geben.
„Aber was machen wir nun?", fragte Karla.
„Wir verstärken unsere Suche nach diesem mysteriösen Fremden! Wer kann das nur gewesen sein?"
„Vielleicht wird uns das Phantombild von diesem Uwe Steinhammer behilflich sein, wobei er wahrscheinlich ein ähnlich benebeltes Gedächtnis haben wird wie die beiden Junkies. Aber Dennis und sein Freund können uns bei der weiteren Vernehmung sicherlich noch mehr erzählen!" Karla öffnete den Wagen.

„Wir sollten auch das nähere Umfeld von Olaf Juncker endlich unter die Lupe nehmen. Vielleicht kommen wir so auf eine alte Verbindung ..." Kolb schlug sich mit der flachen Hand an die Stirn. „Ich bin ja so dumm! So dumm! Dass ich nicht direkt darauf gekommen bin!"
„Was denn?", fragte Karla verwundert.
„Dieser Fremde! Warum hatte er einen Koffer bei sich?"
„Keine Ahnung. Vielleicht war er auf der Durchreise."
„Oder es war ein Freund", Kolb hob die Stimme, „aus alten Tagen!"
„Sie meinen – aus dem Gefängnis?"
„Wir müssen sofort herausbekommen, wer mit Olaf Juncker im Knast saß und gestern entlassen wurde."

Als sie ins Kriminalamt kamen, hatte ihr Kollege Rudi schon alle Informationen über Olaf Juncker gesammelt:
„Juncker und sein Kumpane waren bei einem berühmten Sänger eingebrochen und hatten Geld gestohlen. Die Aussage eines Nachbarn brachte die Kollegen damals schnell auf ihre Spur. Sie und die Räuber lieferten sich auf der Autobahn noch ein wildes Rennen. Es endete mit einem brennenden Fluchtauto und der Festnahme der Verbrecher. Das Auto brannte vollkommen aus. Das Geld war verloren. Juncker bekam drei Jahre, sein Mittäter um einiges mehr. Bei ihm kam noch schwere Körperverletzung hinzu."
„Danke, Rudi!" Kolb klopfte dem jungen Beamten auf die Schulter. „Verraten Sie uns jetzt auch den Namen des Mittäters?"
„Boris Jeschke", antwortete Rudi stolz. „Gestern entlassen. Adresse haben wir."
Nur wenige Augenblicke später saßen Kolb und Karla wieder im Auto. Ihr junger Kollege Rudi steuerte den Wagen. Mit heulenden Sirenen rasten sie durch die Innenstadt Hamburgs.

„Das ist eine heiße Spur!“, sagte Kolb zufrieden und strich sich über den Bauch. „Anscheinend hatten die beiden etwas Dringendes zu bereden, wenn Boris Jeschke sofort einige Stunden nach seiner Entlassung seinen Mittäter aufsuchte. Um wie viel Geld ging es bei diesem Raub eigentlich?“

„Um rund 50.000 Euro“, antwortete Rudi.

„Nicht schlecht!“ Der Kommissar pfiff anerkennend durch die Zähne. „Sind sich die Kollegen sicher, dass das Geld wirklich verbrannt ist?“

Rudi zuckte nur mit den Achseln.

Übung 11: Ordnen Sie den Fragen die passenden Antworten zu!

1. Wie antwortete Rudi?	A. Juncker.
2. Wohin kamen Karla und Kolb?	B. Geld.
3. Wo saßen Karla und Kolb kurz danach?	C. Mit den Achseln.
4. Wer bekam drei Jahre Gefängnis?	D. Ins Kriminalamt
5. Was hatten die Räuber gestohlen?	E. Im Auto.
6. Womit zuckte Rudi?	F. Stolz.

„Für einen entlassenen Sträfling keine schlechte Adresse“, fand Karla, als sie ihr Ziel erreicht hatten. Mit Wohlgefallen betrachtete sie das schmale, dreistöckige Haus, das fast vollständig mit Efeu berankt war. „Pension Erna“ stand in weißen Lettern über der Tür. Kolb war schon eingetreten.

„Wohnt hier ein Herr Jeschke?“, fragte er die ältere Dame an der Rezeption.

„Ja, der wohnt hier“, bestätigte die Frau sofort. „Er ist auf seinem Zimmer. Oder nein, da kommt er schon!“

Sie deutete mit ausgestrecktem Arm auf einen großen, schlanken Mann, der gerade die Treppe herabgelaufen kam.

„Herr Jeschke?“ Kolb trat an die unterste Stufe und der Mann blieb sofort stehen.
„Ja?“, fragte er zurück.
„Kolb, Kriminalpolizei. Kommen Sie bitte mit ins Präsidium.“
„Warum?“, fragte Jeschke. Seine buschigen Augenbrauen zogen sich verärgert zusammen.
„Wegen Olaf Juncker. Er wurde gestern Nacht ermordet.“

ÜBUNG 12 !

Übung 12: Setzen Sie die Verben vom Präteritum ins Präsens!

Jeschke öffnete 1. __________ langsam den Mund. Dann klappte 2. ________ er ihn wieder zu. Für den Bruchteil einer Sekunde herrschte 3. ______ absolute Stille. Niemand bewegte 4. ________ sich. Doch dann ging 5. ________ alles sehr schnell. Der Mann bog 6. ____________ seinen Oberkörper nach hinten und sprang 7. ________ dann mit einem Satz hinunter in die Eingangshalle. Eine gut gezielte Faust landete 8. ________ im Bauch des Kommissars. Kolb taumelte 9. ________ stöhnend zur Seite und fiel 10. ______ dabei gegen Rudi und Karla. Bis alle wieder senkrecht standen 11. _______, war 12. _______ Jeschke verschwunden.

„Schnell!“, brüllte Kolb und sie stürzten aus dem Hotel.
Mit gezogener Waffe rannten Karla und Rudi hinter dem Flüchtenden her und waren wenige Sekunden später außer Sichtweite. Kolb, der schon lange zu alt für solche Verfolgungsjagden war, quetschte sich hinter das Steuer seines Dienstwagens. Über Funk gab er seinen Standort durch und beschrieb das Aussehen von Boris Jeschke.
Er startete den Wagen und dachte nach: „Wenn Jeschke die Straße komplett hinunterrennt, kommt er direkt zur Binnenalster. Dann muss er sich entscheiden: den Ballindamm links oder rechts hinunter. Sicher rennt er Richtung Hauptbahnhof. Oder er biegt vor-

her links ab und flüchtet in die Europapassage."
Kolb startete den Wagen und fuhr zu der Einkaufspassage. Tatsächlich fand er am Eingang Karla vor, die sich die Seite hielt. „Da ist er rein!", keuchte sie. „Vielleicht hat Rudi ihn schon."
Kolb lief in das Gebäude. Der Innenhof mit seinen fünf Geschossebenen war wie immer gut besucht. Kolb sah sich suchend um. Im ersten Stockwerk erblickte er Rudi. Er beugte sich über das Geländer. Als er Kolb erkannte, winkte er ihm mit seiner Dienstwaffe zu. „So ein Dummkopf", schimpfte Kolb laut.
Die Leute hinter Rudi sprangen beim Anblick der gezogenen Waffe erschrocken beiseite. Alle starrten auf Rudi. Nur ein einzelner Herr verbarg sich hinter seiner Zeitung.
„Vorsicht! Hinter Dir!", schrie Kolb hinauf.

Übung 13: Setzen Sie die Artikel aus der Klammer an den passenden Stellen ein!
(das 3x, der 3x, die 6x, den 3x)

Doch Rudi hielt sich nur fragend seine Pistole hinter 1. ____ Ohr und beugte sich noch weiter über 2. ____ Geländer. In diesem Moment war es schon zu spät. 3. ____ Mann war aufgesprungen, hatte von hinten 4. ____ Beamten umklammert und ihm 5. ____ Pistole aus 6. ____ Hand gerissen. 7. ____ Mündung hielt Jeschke nun direkt an Rudis Kopf. Selbst aus dieser Entfernung konnte Kolb 8. ____ vor Schreck weit aufgerissenen Mund seines Kollegen erkennen. Mit langsamen Schritten ging 9. ____ Mann mit Rudi rückwärts in 10. ____ Bar hinein, sodass die beiden aus Kolbs Sichtfeld verschwanden. Er rannte 11. _______ Treppe in 12. ____ ersten Stock hinauf, gefolgt von Karla. Als sie 13. ____ Bar erreicht hatten, deutete 14. ____ Bedienung mit zitternder Hand auf 15. ____ Herren-WC. Kolb und Karla stürzten hinein.

„Jeschke?“, fragte Kolb ungeduldig.
„Olaf ist tot?“, tönte es hinter einer verschlossenen Tür. „Sie denken, dass ich es war, oder?“
„Waren Sie es nicht?“, fragte Kolb.
„Nein“, erklang die Stimme. „Und jetzt hätte ich gerne ein Auto und freie Fahrt, sonst hat Ihr Kollege hier seinen letzten Atemzug getan.“
„Wenn Sie es nicht waren, warum haben Sie dann solche Angst?“, fragte Karla.
„Warum ich Angst habe?“ Jeschke lachte trocken. „Ich komme gerade aus dem Gefängnis. Da will ich eigentlich nicht so schnell wieder hin.“
„Was ist gestern Abend vorgefallen?“, fragte Kolb.
Ein langes Schweigen folgte.
„Sagen Sie uns die Wahrheit und wir werden Ihnen helfen“, sagte Kolb.
„So ein großer Mist!“, schimpfte es hinter der Tür. „Zuerst sitze ich jahrelang im Gefängnis und dann ist alles umsonst.“
„Was ist umsonst?“, fragte Karla.
„Ich bin gestern freigekommen. Ich holte das Geld.“ Wieder lachte Jeschke. Karla und Kolb wechselten einen bedeutungsvollen Blick.
„Ja, ja, Sie dachten, alles wäre verbrannt, nicht wahr? War aber nicht so. Ich konnte das Geld rechtzeitig verstecken, bevor wir erwischt wurden. Nachdem ich die Beute hatte, ging ich sofort zu meinem Kumpel Olaf. Wir warteten, bis alle Gäste draußen waren, dann habe ich ihm das Geld gegeben. Die Hälfte. So bin ich eben. Schulden mache ich keine. Ich bezahle sofort. Aber es war schon spät in der Nacht. Ich habe dann diese Pension in der Altstadt gefunden. Olaf und ich, wir wollten uns heute Abend zum Feiern treffen. Und nun ist er tot.“ Eine Art Schluchzen drang durch die Tür.
„Verstehe“, sagte Kolb.

Es entstand eine kleine Pause.
„Was wollen Sie jetzt tun?", fragte Kolb. „Sie entwischen uns nicht mehr. Das wissen Sie. Lassen Sie den Beamten frei und kommen Sie aus dieser Toilette raus. Ich glaube Ihnen, Jeschke. Wir werden der Sache nachgehen. Vertrauen Sie mir!"
Für einen langen Moment herrschte Schweigen, dann hörten Kolb und seine Kollegin das Klicken des Schlosses. Zuerst stolperte der leichenblasse Rudi ins Freie, dann folgte Jeschke mit hängenden Schultern. Die Pistole hielt er locker in der Hand.

Übung 14: Ergänzen Sie die Tabelle!

	Positiv	Komparativ	Superlativ
1.	nah	__________	am __________
2.	__________	klarer	am __________
3.	verblüfft	__________	am __________
4.	__________	__________	am sinnvollsten
5.	deutlich	__________	am __________
6.	__________	mobiler	am __________

„Sie glauben diesem Kriminellen doch nicht etwa?", fragte Karla ihren Chef. Sie standen gemeinsam vor der Einkaufspassage und sahen zu, wie Jeschke in Handschellen von zwei Polizisten in einen Streifenwagen verfrachtet wurde.
„Sie glauben ihm nicht?", fragte Kolb verblüfft.
„Nicht eine Sekunde!", rief Karla. „Ist doch alles klar! Nicht Jeschke besaß das Geld, sondern das Opfer, Olaf Juncker. Während Jeschke im Gefängnis saß, träumte er von seinem Geld. Nur das Geld machte seinen Aufenthalt in der Zelle sinnvoll. Verstehen Sie? Man muss sich in unserem Job auch manchmal in die Psyche eines Menschen hineindenken, Chef." Karla lächelte. Es war ihr

deutlich anzumerken, dass sie dem Kommissar solche Qualitäten nicht zutraute. „Na gut. Jeschke ging nach seiner Entlassung in die Kneipe und wollte seinen Anteil haben. Doch Olaf Juncker hatte entweder schon alles ausgegeben oder wollte nichts rausrücken. Da sind bei diesem Jeschke die Sicherungen durchgebrannt und er hat Juncker erschlagen. Oder eine andere Möglichkeit: Jeschke wollte das ganze Geld für sich allein haben und hat deshalb seinen ehemaligen Partner ermordet. Immerhin saß er wegen gefährlicher Körperverletzung!"
Kolb hatte währenddessen schon sein Handy am Ohr.
„Alle da? Außer ... ja ... verstehe ... haben Sie auch recherchiert ... ja ... danke!" Er ließ sein mobiles Telefon wieder in die Tasche gleiten und ging mit schnellen Schritten zu seinem Dienstwagen.
„Wir haben doch heute alle Gäste des gestrigen Abends zur Vernehmung vorgeladen", erklärte er rasch. „Sie sind alle gekommen: die Jugendlichen, Piet und Paul, sogar Boris Jeschke mit dem Koffer. Aber einer fehlt: Uwe Steinhammer."
„Das wundert mich gar nicht", antwortete Karla. „Der sitzt bestimmt in der nächsten Kneipe und trinkt ein Bier."
„Oder er freut sich gerade über 25.000 Euro", gab Kolb zurück. „Los, fahren Sie zu ihm!"
„Ich sehe da den Sinn nicht, Chef", ärgerte sich Karla.
„Ich schon!" Kolb strich sich mit einer Hand müde über die Augen. „Deine Theorien sind zwar schön, aber nicht sehr glaubwürdig. Juncker besaß das Geld nicht. Bedenken Sie, wie der Laden aussah! So schäbig! Nein, ich glaube nicht, dass er sich so lange Jahre zurückgehalten und das Geld gespart hat. Sicher nicht! Es muss also andersherum gewesen sein. Jeschke hatte das Geld und brachte es Juncker. Ein echter Freund! Warum sollte er Juncker umbringen?" Karla sah ihren Chef mit großen Augen von der Seite an. Dieser fuhr fort: „Ich habe Frau Mink vorhin noch beauftragt, ein wenig im Internet über alle Verdächtigen zu recherchieren. Ich

weiß zwar nicht genau, wie das funktioniert, aber es ist wirklich erstaunlich! Was man da so alles rausbekommt! Wusstest Du, dass Uwe Steinhammer Jugendmeister im Kickboxen war?"

„Sie meinen ..." Karla drückte unwillkürlich das Gaspedal etwas tiefer.

„Ich habe folgende Theorie." Kolb bemerkte befriedigt Karlas wachsende Aufregung. „Steinhammer geht nach Hause. Da bemerkt er, dass er keinen Alkohol mehr im Haus hat. Sofort rennt er wieder zur Kneipe – immerhin ist er Stammgast dort. Er beobachtet die Geldübergabe, wartet und nutzt den günstigen Augenblick. Karla, überlege Dir: 25.000 Euro sind für einen arbeitslosen Alkoholiker so was wie ein Sechser in Lotto."

„Ach, ich wüsste mit so viel Geld auch etwas anzufangen", überlegte seine Kollegin und lächelte. „Aber nun im Ernst, wie kommen Sie darauf, dass es Uwe Steinhammer gewesen sein könnte? Über 25.000 Euro würden sich auch Piet und Paul sowie die Jugendlichen freuen. Außerdem gibt es immer noch Boris Jeschke."

Übung 15: Sind die folgenden Aussagen richtig (r) oder falsch (f)?

ÜBUNG 15 !

1. Steinhammer war Jugendmeister im Kickboxen. ( )
2. Kolb wusste genau, wie man im Internet recherchiert. ( )
3. Kolb hatte eine Theorie. ( )
4. Steinhammer hatte noch Alkohol im Haus. ( )
5. Karla wüsste nichts mit so viel Geld anzufangen. ( )
6. Der Täter könnte Uwe Steinhammer gewesen sein. ( )

„Können Sie sich daran erinnern, wie wir es ihm gesagt haben?", fragte Kolb genüsslich. „Sein Blick, als er begriff, dass Olaf Juncker tatsächlich tot ist. Ich dachte: Der ist aber ganz schön erschrocken! So war es wahrscheinlich auch! Er erinnerte sich in diesem Moment erst wieder an seine Tat! Immerhin war er gestern Abend schwer alkoholisiert gewesen. Ich kann mir vorstellen, dass er den Mord erst einmal verdrängt hat."

Karla sah Kolb überrascht an.

„Ja, nicht wahr, jetzt staunst du? Ich kann mich eben auch in Menschen hineindenken, stell dir mal vor."

ÜBUNG 16 !

Übung 16: Lesen Sie weiter und setzen Sie die Präpositionen in die richtigen Lücken! ***(am, an, auf 2x, aus, bei, im, in, nach, über, vor, zu, zum)***

Als sie 1. _____ Uwe Steinhammer klingelten, öffnete ihnen niemand. Gerade wollten Kolb und Karla enttäuscht 2. _____ ihrem Wagen zurückgehen, da kam eine Frau aus der Haustür. Sie zerrte einen alten Dackel 3. _____ der Leine hinter sich her.

„Steinhammer? 4. ____ dem ersten Stock? Der ist 5. _____ fünf Minuten mit einem dicken Koffer hier raus. Wahrscheinlich 6. _____ Bahnhof", gab sie bereitwillig 7. _____ die Fragen der Beamten Auskunft. „Sind ja nur ein paar Minuten zu Fuß."

Kolb und Karla sprangen zu ihrem Auto. Die Kommissarin befestigte die Sirene 8. _____ Dach, dann brausten sie die Nordererstraße hinunter.

„Da ist er!", brüllte Kolb und deutete 9. _____ einen Mann, der einen schweren Koffer schleppte. Karla schaltete die Sirene ab und fuhr 10. _____ Schritttempo neben Uwe Steinhammer her. Als dieser die Beamten bemerkte, blieb er stehen.

„Ein Taxi wäre doch besser gewesen", stellte er traurig fest.

Einen kurzen Moment sah er die Straße hinauf und hinunter. Als er bemerkte, dass eine Flucht unmöglich war, ließ er den Koffer fallen und strich sich langsam 11. _____ seine schütteren Haare.

„Sie müssen mir glauben, ich konnte mich am nächsten Tag gar nicht mehr richtig an meine Tat erinnern. Als Sie mich besuchten, kam mir so eine Ahnung. Als Sie gegangen waren, fand ich das Geld 12. _____ meiner blutbefleckten Jacke. Ich musste ziemlich lange darüber nachdenken, aber ich glaube, es war so: Ich ging 13. _____ dem Rauswurf nochmals zu der Kneipe. Ich wollte doch nur ein Bier! Da sah ich, wie dieser Typ dem Olaf einen riesigen Haufen Geld übergab! Ich wartete. Ich dachte nämlich: Das ist jetzt nicht der Moment, um nach einem Bier zu fragen. Als der Fremde gegangen war, trat ich ein. Olaf war so überheblich! Er wollte mir kein Getränk mehr ausgeben, wo er doch gerade so reich geworden war! Olaf sagte: ‚Ich werde den Laden renovieren und dann kommen solche Leute wie Du hier nicht mehr rein!' Da bin ich durchgedreht! Ich nahm die gusseiserne Kehrschaufel und schlug sie ihm auf den Kopf. Da sieht man es mal wieder: Geld verdirbt den Charakter!"

„Aber diese Weisheit hat Sie nicht davon abgehalten, die 25.000 Euro und die gesamten Tageseinnahmen mitzunehmen!" Kolb war aus dem Wagen geklettert und öffnete den Koffer. Auf dem Boden ertastete er einen Haufen Scheine.
„Na ja. Ich hatte gerade jemanden umgebracht! Das musste sich doch wenigstens lohnen!" Uwe Steinhammer kratzte sich am Hals.
„Ob Sie Olaf Juncker aus Wut oder aus Habgier erschlagen haben, muss der Richter klären." Karla hielt dem Mann die Tür ihres Wagens auf. „Jetzt fahren wir erst einmal ins Präsidium."
„Wohin sollte die Reise eigentlich gehen?", fragte Kolb interessiert.
„Für jemanden wie mich geht es immer nur in die Sackgasse", meinte Steinhammer nachdenklich und zog eine kleine Flasche Korn aus seiner Hosentasche. „Aber sie sollte weit weg und im Warmen sein."
„Verstehe." Kolb strich sich mit einem Finger über die Nase.

Abschlusstest

Übung 1: Setzen Sie den bestimmten Artikel im Nominativ, Akkusativ oder Dativ ein!

1. Kolb will _____ Täter oder _____ Täterin finden.
2. _____ Gerichtsmediziner hat viel zu tun.
3. Kolb steht kurz vor _____ Pensionierung.
4. Oft wird er früh morgens durch _____ Telefon gestört.
5. Er droht _____ Sekretärin mit _____ Finger.
6. Nach _____ Verhör trinkt er Kaffee.
7. _____ Kaffee bringt ihm _____ Sekretärin.
8. _____ Büro ist nicht sehr schön.

Übung 2: Ersetzen Sie die unterstrichenen Wörter durch ein Personalpronomen!

1. Die Polizisten mussten dicke Berichte schreiben.
2. Die beiden sprachen mit den Angestellten.
3. Kolb fragte seine Sekretärin.
4. Die Zeugen antworteten dem Kommissar.
5. Karla und Kolb betraten das Büro.
6. Sie wollten die Verdächtigen verhören.
7. Kolb glaubte der Frau kein Wort.
8. Er las noch einmal in dem Protokoll.
9. Der Gerichtsmediziner untersuchte den Toten.

Übung 3: Suchen Sie das Wort, das nicht dazupasst!

1. aufhören, Schluss machen, beenden, pausieren
2. hören, sagen, reden, sprechen
3. eintreten, betreten, hineinkommen, verlassen
4. kaufen, erwerben, mitnehmen, erstehen

Übung 4: Bilden Sie den Imperativ Plural und den Imperativ der Höflichkeitsform!

	Ihr	Sie
1. gib	____________	____________
2. nimm	____________	____________
3. hilf	____________	____________
4. lies	____________	____________
5. wirf	____________	____________

Übung 5: Setzen Sie die Verben im Perfekt ein!

1. (weglaufen) Der Täter _____ vor Kolb _________.
2. (verlassen) Karla _____ das Büro _________.
3. (beenden) Der Gerichtsmediziner _____ die Untersuchung _______.
4. (eintreten) Die Zeugen_____ einzeln _________.
5. (aufhören) Die Musiker _____ _________.

Übung 6: Ergänzen Sie das passende Modalverb! ***(dürfen, können, müssen, sollen, wollen)***

1. Der Kommissar ________ keine Spuren finden.
2. Im Polizeipräsidium ________ man nicht rauchen.
3. Der Täter ________ bestraft werden.
4. Karla denkt, dass Kolb abnehmen ________.
5. Kolb ________ den Täter überführen.

Übung 7: Setzen Sie die Verben im Präteritum ein!

1. (sitzen) Sie ________ zusammen im Polizeiwagen.
2. (finden) Endlich ________ sie einige Spuren.
3. (kommen) Kolb ________ immer sehr früh ins Büro.
4. (laufen) Der Mann ________ so schnell wie möglich.

Übung 8: Welches Verb passt nicht?

1. einen Täter festnehmen, machen, verfolgen, überführen
2. einen Kommissar kennen, anrufen, informieren, gestehen
3. einen Krimi lesen, schreiben, sehen, begehen
4. einen Tatort untersuchen, besichtigen, ausstellen, finden
5. eine Waffe sitzen, besitzen, gebrauchen, reinigen
6. einen Fall untersuchen, aufklären, reinigen, lösen
7. eine Sache fahren, stehlen, entwenden, rauben

Übung 9: Nominativ, Dativ oder Akkusativ? Ergänzen Sie die Endungen!

1. Die Beamten mussten noch ein___ lang___ Bericht schreiben.
2. Am Kühlschrank klebte ein Foto von ein___ jung___ Mädchen.
3. In der Küche der Bar war ein___ groß___ Spüle.
4. Die Kaffeemaschine stand auf ein___ klein___ Tisch.
5. In dem Verhör erhielt Kolb viel___ neu___ Informationen.
6. Er reichte Molly Moon ein___ sauber___ Taschentuch.
7. Kolb kam mit ein___ schlecht___ Nachricht.
8. Kolb berichtete von sein___ intensiv___ Nachforschungen.

*Übung 10: **Wo?** oder **wohin?** Fragen Sie nach den unterstrichenen Wörtern!*

1. Das Opfer ist jetzt im Krankenhaus. ________
2. Karla und Kolb traten auf die Straße. ________
3. Dr. Schneider machte sich auf den Weg. ________
4. Das Haus stand direkt an den Bahngleisen. ________
5. Er schoss dem Opfer glatt ins Herz. ________
6. In der Bar waren keine Gäste. ________
7. Die Frau goss ihnen Kaffee in die Tassen. ________
8. Der Gerichtsmediziner war schon am Tatort. ________

Übung 11: Bilden Sie indirekte Fragen!

1. Warum darf ich die Tassen nicht wegräumen?

Die Sekretärin will wissen, ____________________________________

____

2. Wie lange ist das Opfer schon tot?

Kolb fragt, ____

____

3. Haben Sie gestern den ganzen Abend auf Ihren Bruder gewartet?

Die Kommissare möchten von der Zeugin wissen ________________

____

Übung 12: Setzen Sie das passende Possessivpronomen ein!

1. Kolb schlug sich mit der Hand an ______ Stirn.
2. Karla zog ______ Waffe und lief mit ______ Kollegen los.
3. Der Kommissar gab ______ Standort über Funk durch.
4. Er fragte die Jugendlichen: „Wie habt ihr ______ Abend verbracht?“
5. Die Männer sagten zu ihm: „Wir suchen ______ Chef.“
6. Kolb fragte die Verdächtigen nach ______ Alibi.
7. Und er sagte zu dem Barbesitzer: „Ich möchte mit ______ Angestellten sprechen.“

Übung 13: Ergänzen Sie die Artikel und bilden Sie ein zusammengesetztes Wort!

1. _____ Flucht _____ Auto _____ __________
2. _____ Körper _____ Verletzung _____ __________
3. _____ Auto _____ Bahn _____ __________
4. _____ Gas _____ Pedal _____ __________
5. _____ Stock _____ Werk _____ __________

Lösungen Der Tote hinter dem Lenkrad

Übung 1: jungen; ungeduldigen; Schnell; Mühsam; braune; gesamten; Widerwillig; ekelhaftes; gewöhnlichen; schlimm; schlimmer; möglichen; verärgert; komplett
Übung 2: 1. Männer; 2. Unfälle; 3. Mörder; 4. Waffen; 5. Fahrzeuge; 6. Meter; 7. Opfer; 8. Spuren; 9. Autos; 10. Nasen
Übung 3: 1. hell; 2. oft; 3. dünn; 4. alt; 5. schlecht; 6. langsam; 7. lang; 8. zuverlässig; 9. erste; 10. uninteressiert/desinteressiert
Übung 4: 1. traf, hat getroffen; 2. baut, baute; 3. rast, raste; 4. handelte, hat gehandelt; erzählt, hat erzählt; 6. beschreibt, hat beschrieben; 7. ist, war; 8. kann, hat gekonnt; 9. helfen, halfen; 10. haben, haben gehabt
Übung 5: nächsten Morgen (D); seiner Sekretärin (D); den Hörer (A); seinem Tod (D); der Rechtsmedizin (D); einem Meter (D); der Uhrzeit (D); das Gespräch (A); der Tür (D); die oberste_Schublade (A); den Kopf (A); seiner Tasse (D)
Übung 6: 1. freundlich; 2. schüttelt; 3. übereinander; 4. kannten; 5. fragt; 6. flüstert; 7. Ängstlich; 8. verschränkt
Übung 7: 1. Wohnzimmer; 2. Balkon; 3. Frau; 4. Haustür; 5. gesehen; 6. Freunde; 7. Leben
Übung 8: **K**olb fährt allein in die **W**ohnung des **O**pfers. **E**r will nochmals in **R**uhe durch die **R**äume gehen. **V**ielleicht ist ihm in dem **C**haos etwas entgangen? **K**olb steht in dem winzigen **F**lur und schnuppert.
„**R**iecht nach jungem **M**ann", denkt er. **E**ine typische **J**unggesellenwohnung. **D**er **G**eruch nach verschwitzter **W**äsche und kaltem **Z**igarettenrauch hat sich schon in den **V**orhängen festgesetzt. **K**eine **B**ilder an den **W**änden, keine **F**otos.
„**J**ens **W**ohlschmidt scheint nicht gerade ein häuslicher **M**ensch gewesen zu sein", stellt der **K**ommissar fest. **E**r fragt sich sogar für einen kurzen **M**oment, ob die **W**ohnung überhaupt von **F**remden durchwühlt worden war.
Übung 9: 1. tritt, 2. sieht, 3. bildet, 4. öffnet, 5. schlägt, 6. schiebt, 7. zerrt, 8. muss, 9. parkt, 10. fährt, 11. nutzt, 12. läuft, 13. auftaucht
Übung 10: 1. kleiner, am kleinsten; 2. zugig, zugiger; 3. jünger, am jüngsten; 4. alt, älter; 5. mehr, am meisten; 6. unauffällig, am unauffälligsten; 7. schwer, schwerer; 8. männlicher, am männlichsten; 9. besser, am besten; 10. hoch, höher,
Übung 11: 1. Wo?, 2. Wo?, 3. Wo?, 4. Wohin?, 5. Wohin?, 6. Wohin?, 7. Wo?, 8. Wo?, 9. Wohin?
Übung 12: 1. Kolb will wissen, wozu dieser Klub einen Türsteher brauche. 2. Das Mädchen fragt, ob er etwas zu trinken wolle. 3. Sie möchte wissen, ob er einen Termin mit Werner habe. 4. Sie fragt, worum es denn gehe. 5. Kolb würde gerne wissen, ob die Bedienung den (den Kaffee) etwa verkaufe. 6. Die Bedienung fragt, ob er einen möge.
Übung 13: 1. Mörder, 2. CD, 3. Brille, 4. Streichholz, 5. Computer, 6. Kalender, 7. Freundin, 8. Buch, 9. Bedienung
Übung 14: 1. die, 2. der, 3. die, 4. das, 5. die, 6. das, 7. der, 8. die, Lösungswort: der Mordfall
Übung 15: 1. der Körper, 2. der Club, 3. der Mord, 4. das Auto, 5. der Kaffee, 6. das Werkzeug, 7. die Bar, 8. das Bier, a. der Besitzer, b. die Maschine, c. die Flasche, d. die Verletzung, e. der Verdacht, f. der Fahrer, g. der Kasten; h. der Mann; die Körperverletzung, der Clubbesitzer, der Mordverdacht, der Autofahrer, die Kaffeemaschine, der Werkzeugkasten, der Barmann; die Bierflasche

Übung 16: 1. Wer, 2. Wo, 3. Was, 4. Wohin, 5. Was, 6. Wer, 7. Wie, 8. Was
Übung 17: bleibt stehen; beugt sich; schaut entlang; liegt da; lehnt sich; horcht; schaut; tastet; schielt; führt; tritt zurück; sieht; will; löst; springt vor; wird gerissen; fühlt; zappelt; dreht sich; ist; sieht; zuwirft; zieht; fasst; fällt; tritt; überwältigt wird; schließen
Übung 18: 1. sich, 2. sich, 3. uns, 4. sich, 5. mich, 6. euch, 7. dich
Übung 19: 1. Ihre, 2. unser, 3. seinem, 4. Seine, 5. meine, 6. Ihrem, 7. eure, 8. unseren
Übung 20: 1. .... dass Jens die Drogen unterschlagen hat. 2. ... wo die Drogen sind. 3. Doch weil sie *wirklich* gestohlen wurden, ... 4. ... wer ihm die Drogen geklaut hat. 5. ... während sie ihre Vermutung äußert.
Übung 21: 1. habe gesagt, sagen; 2. hat besucht, besuchen; 3. haben gesprochen, sprechen; 4. habe gezeigt, zeigen; 5. habe erzählt, erzählen; 6. habe gesehen, sehen; 7. habe mich geärgert, sich ärgern; 8. hat gesagt, sagen

Lösungen Hits, Hits, Hits

Übung 1: 1. Schreibtisch; 2. Treppenhaus; 3. Strümpfe; 4. Kuh; 5. Haartrockner; 6. Teppich; 7. Auto
Übung 2: 1. elften, 2. Dritte, 3. sechzehnten, 4. neunundzwanzigsten, vierte, 5. siebte, 6. millionste, 7. zweihundertsten
Übung 3: 1. nicht; 2. keine; 3. nicht; 4. nichts; 5. nicht
Übung 4: 1. wickelte, hat gewickelt, 2. stand, ist gestanden, 3. sah, hat gesehen, 4. lief, ist gelaufen, 5. schätzte, hat geschätzt, 6. irrte, hat geirrt, 7. war, ist gewesen
Übung 5: 1. einer; 2. der; 3. dem; 4. ein; 5. eine; 6. das
Übung 6: 1. Die Frau hat sich von ihrem Mann getrennt, denn er hat sie betrogen. 2. Egon und Moritz haben gestritten, weil sie beide mit der Sängerin zusammenarbeiten wollten. 3. Seine Frau meint, dass sie das Erbe verdient hat. 4. Ihr Mann wurde ermordet, also ist sie verdächtig.
Übung 7: 1. Die Kekse liegen in **der** Schale.; 2. Die Schale steht auf **dem** Wohnzimmertisch.; 3. Er hat die Sängerin vor **die** Tür gesetzt.; 4. Sie hängt ihren Pelzmantel in **den** Schrank.; 5. Kolb sitzt auf **dem** großen Sofa.; 6. Egon stellt sein Glas auf **die** Bar. 7. Er legt eine CD in **den** CD-Player.
Übung 8: 1. wir mussten; 2. ich wollte; 3. er konnte; 4. ihr solltet; 5. sie wollte; 6. wir konnten; 7. ihr durftet; 8. du wolltest; 9. er musste; 10. ich durfte; 11. sie sollten; 12. ihr konntet
Übung 9: 1. (j); 2. (n); 3. (j); 4. (j); 5. (j); 6. (n); 7. (n); 8. (n); 9. (n); 10. (j); 11. (n)
Übung 10: 1 e. die Handbewegung; 2 d. die Telefongesellschaft; 3 f. der Immobilienmakler; 4 g. der Barhocker; 5 h. die Studioaufnahmen; 6 a. die Kaffeemaschine; 7 c. der Pelzmantel; 8 b. die Zimmertemperatur
Übung 11: 1. (r); 2. (f) für einen kurzen Moment; 3. (f) kaltblütig; 4. (r); 5. (f) wilde; 6. (r); 7. (f) interessant; 8. (f) an besagtem Abend
Übung 12: 1. überraschen; 2. verstehen; 3. wissen; 4. lassen; 5. denkt; 6. tritt; 7. will; 8. bekommt; 9. holt; 10. setzt
Übung 13: 1. Sichere!, Sichert!; 2. Komm!, Kommt!; 3. Mach!, Macht!; 4. Frag!, Fragt!; 5. Zeig!, Zeigt!; 6. Hör auf!, Hört auf!

Übung 14: 1. Sie war in der Bar Trikolore.; 2. Karla befragt sie.; 3. Sie hat mit ihm geknutscht.; 4. Sie fand ihn zum Anbeißen süß.
Übung 15: 1. ihrem; 2. meinem; 3. seine; 4. ihre; 5. sein; 6. ihrem; 7. eure
Übung 16: 1. Ich habe mich mit meiner Freundin verabredet.; 2. Karla trifft sich mit Täuber und stellt sich vor.; 3. Wir können uns gar nicht beruhigen.; 4. Habt ihr euch schon wieder gestritten?; 5. Du musst dich an die Information wenden.; 6. Es findet sich bestimmt eine Lösung.; 7. Sie erinnern sich nicht, wo sie zu der Uhrzeit waren.
Übung 17: 1. beruhigt; 2. gestritten; 3. angerufen; 4. eingefallen; 5. eingeschaltet; 6. gekommen; 7. zugefügt; 8. gefunden; 9. getrieben; 10. gehabt; 11. eingeschaltet; 12. gewesen
Übung 18: 1. d; 2. e; 3. b; 4. f.; 5. g; 6. c; 7. a
Übung 19: 1. Streifenwagen; 2. Gast; 3. Moment; 4. Lokal; 5. Mann; 6. Alibi; 7. Handy; 8. Informationen; 9. Wohnzimmer; 10. Zusammentreffen
Übung 20: rief, sagte, lachte, war, ging, hatte, half, fiel, spielte, waren, verbesserte, war, wurde, verdiente, meldete, verlangte, wollte, sagten, wurde, ging, hatte, war, wurde, tobte, lachte, sagte, nahm, knallte, ging, war, steckte, rannte, dachte, ging, war, brach, erzählte, war, ließ, sagte, sagte, musste, war, klangen

Lösungen Tatort St. Pauli

Übung 1: 1. A; 2. N; 3. D; 4. D; 5. D; 6. A; 7. N; 8. D
Übung 2: 1. konnten; 2. hatte; 3. waren; 4. hatten; 5. suchten; 6. redeten; 7. erkannte; 8. hatte; 9. konnten; 10. beschlossen
Übung 3: 1. Hausmeisterin; 2. Tür; 3. Schlüsselbund; 4. Krankenhaus; 5. Kopf; 6. Falschen; 7. Notizbuch
Übung 4: 1. Wir haben keine Fragen. 2. Laura ist nicht da. 3. Sie hatten keine Vorurteile. 4. Die Hausmeisterin war nicht gut informiert. 5. Wir haben nichts zu verbergen. 6. Wir wollen nach keinem Angestellten fragen.
Übung 5: 1. Der Angestellte kann nicht kommen. 2. Kommissar Kolb will die Leute befragen. 3. Sie dürfen sich im Lokal umsehen. 4. Bogdan soll sich um alles kümmern. 5. Der Chef muss schnell fertig werden.
Übung 6: 1. Seine Schicht hat angefangen. 2. Karla hat die Frau genau beobachtet. 3. Sie hat ihm eine Reaktion angemerkt. 4. Laura hat den Ofen angeheizt. 5. Jemand hat Bogdan überfallen. 6. Die Gäste sind eingetroffen.
Übung 7: 1. die Wand, die Wände; 2. der Zahn, die Zähne; 3. die Nacht, die Nächte; 4. der Vorrat, die Vorräte; 5. die Hand, die Hände; 6. der Gast, die Gäste; 7. der Vorhang, die Vorhänge; 8. der Gang, die Gänge
Übung 8: 1. Hand, handlich; 2. Neugier, neugierig; 3. Typ, typisch; 4. Gefahr, gefährlich; 5. Freund, freundlich; 6. Mitleid, mitleidig; 7. Mund, mündlich; 8. Tag, täglich
Übung 9: 1. kümmerte; 2. trat; 3. betrachtete; 4. einnahm; 5. verzog; 6. umrundete; 7. blieb; 8. stand; 9. verströmte; 10. niederließ
Übung 10: 1. sie; 2. ihm; 3. sie; 4. sie; 5. ihm; 6. ihnen
Übung 11: 1 c; 2 e; 3 f; 4 b; 5 g; 6 a; 7 d
Übung 12: 1. als; 2. Als; 3. Wenn; 4. wann; 5. als; 6. wenn; 7. wann; 8. Als

Übung 13: 1. haben; 2. stehen; 3. befinden; 4. treten; 5. können; 6. schwingen; 7. lassen; 8. setzen; 9. schließen; 10. atmen; 11. merken; 12. sein; 13. öffnen; 14. fallen; 15. stehen; 16. merken; 17. kribbeln;
Übung 14: 1. f; 2. e; 3. b; 4. a; 5. c; 6. d
Übung 15: Vor; Tür; Karla; Kolb; Weile; Treiben; Friedrichstraße; Bogdan; Deeken; Chef; Karla; Bisher; Fotos; Erpressung; Aber; Verkauf; Fotos; Geld; So; Natürlich; Existenz; Denn; Gentle-Club; Veröffentlichung; Bilder; Wieder; Weile
Übung 16: 1. N; 2. H; 3. N; 4. N; 5. H; 6. H; 7. N
Übung 17: 1. ist gegangen; 2. hat gewusst; 3. hat gesessen; 4. hat geschüttelt; 5. hat gehabt; 6. ist gesprungen; 7. hat gedreht; 8. hat gerissen; 9. ist gewesen; 10. hat gelassen

Lösungen Der letzte Gast

Übung 1: 1. mit; 2. in; 3. zur; 4. aus; 5. unter; 6. mit; 7. in; 8. in; 9. an
Übung 2: 1. heißt; 2. geleitete; 3. zeigte; 4. Sehen; 5. kniete; 6. schob; 7. machte; 8. denke; 9. drehte; 10. wurde
Übung 3: 1. c; 2. f.; 3. e; 4. b; 5. d; 6. g; 7. a
Übung 4: 1. die Jacke, die Jacken; 2. die Erzählung, die Erzählungen; 3. die Laune; die Launen; 4. die Spritze, die Spritzen; 5. der Kollege, die Kollegen; 6. die Zeit, die Zeiten; 7. der Typ, die Typen
Übung 5: 1. Wir; 2. Er; 3. uns; 4. Sie; 5. Er; 6. Ich; 7. es; 8. es; 9. Er; 10. uns; 11. Er; 12. uns; 13. uns; 14. Wir; 15. Wir; 16. uns
Übung 6: 1. erfreut; 2. unpassend; 3. gut; 4. laut; 5. fröhlich
Übung 7: 1. Beide sagten dasselbe aus. 2. ...., dass die beiden Drogenabhängigen mit einer Verhaftung gerechnet und sich vorher abgesprochen hatten. 3. Am Nachmittag fuhren sie ...; 4. Beim Einwohnermeldeamt war nur ein Uwe ....; 5. Mit einer griesgrämigen, verschlafenen Miene starrte er ....; 6. Seine Augenlider waren geschwollen, ...; 7. Hinter ihm im Flur lag dreckige Wäsche verstreut auf dem Boden.
Übung 8: 1. Dass er die Tatsachen nun begriffen hatte, verriet ein Zucken und Blinzeln seiner Lider. 2. Er hatte den Koffer gar nicht dabei, als er mit uns vor die Tür ging. 3. Wir müssen noch die letzten Gäste finden, bevor wir uns darüber weitere Gedanken machen können.
Übung 9: 1. Schritten; 2. Schultern; 3. Kinn; 4. Freund; 5. Jugendlichen; 6. Dienstausweis; 7. Unterhaltung; 8. Augen
Übung 10: 1. Verrat; 2. Alkohol; 3. Wohnung; 4. Nacht; 5. Chance; 6. Stirn; 7. Dummheiten; 8. Ruhe
Übung 11: 1. F; 2. D; 3. E; 4. A; 5. B; 6. C
Übung 12: 1. öffnet; 2. klappt; 3. herrscht; 4. bewegt; 5. geht; 6. biegt; 7. springt; 8. landet; 9. taumelt; 10. fällt; 11. stehen; 12. ist
Übung 13: 1. das; 2. das; 3. Der; 4. den; 5. die; 6. der; 7. Die; 8. den; 9. der; 10. die; 11. die; 12. den; 13. die; 14. die; 15. das
Übung 14: 1. nah, näher, am nächsten; 2. klar, klarer, am klarsten; 3. verblüfft, verblüffter, am verblüfftesten; 4. sinnvoll, sinnvoller, am sinnvollsten; 5. deutlich, deutlicher, am deutlichsten; 6. mobil, mobiler, am mobilsten

Übung 15: 1. (r); 2. (f); 3. (r); 4. (f); 5. (f); 6. (r)
Übung 16: 1. bei; 2. zu; 3. an; 4. Aus; 5. vor; 6. zum; 7. auf; 8. am; 9. auf; 10. im; 11. über; 12. in; 13. nach

Lösungen Abschlusstest

Übung 1: 1. den, die; 2. Der; 3. der; 4. das; 5. der, dem; 6. dem; 7. Den, die; 8. Das
Übung 2: 1. Sie; 2. ihnen; 3. sie; 4. ihm; 5. es; 6. sie; 7. ihr; 8. ihm; 9. ihn
Übung 3: 1. pausieren; 2. hören; 3. verlassen; 4. mitnehmen
Übung 4: 1. Gebt! Geben Sie! 2. Nehmt! Nehmen Sie! 3. Helft! Helfen Sie! 4. Lest! Lesen Sie! 5. Werft! Werfen Sie!
Übung 5: 1. Der Täter ist vor Kolb weggelaufen.; 2. Karla hat das Büro verlassen.; 3. Der Gerichtsmediziner hat die Untersuchung beendet. 4. Die Zeugen sind einzeln eingetreten. 5. Die Musiker haben aufgehört.
Übung 6: 1. kann; 2. darf; 3. muss; 4. soll; 5. will
Übung 7: 1. saßen; 2. fanden; 3. kam; 4. lief
Übung 8: 1. machen; 2. gestehen; 3. begehen; 4. ausstellen; 5. sitzen; 6. reinigen; 7. fahren
Übung 9: 1. einen langen; 2. einem jungen; 3. eine große; 4. einem kleinen; 5. viele neue; 6. ein sauberes; 7. einer schlechten; 8. seinen intensiven
Übung 10: 1. wo? 2. wohin? 3. wohin? 4. wo? 5. wohin? 6. wo? 7. wohin? 8. wo?
Übung 11: 1. Die Sekretärin will wissen, warum sie die Tassen nicht wegräumen dürfe. 2. Kolb fragt, wie lange das Opfer schon tot sei.
3. Die Kommissare möchten von der Zeugin wissen, ob sie gestern den ganzen Abend auf ihren Bruder gewartet habe.
Übung 12: 1. seine; 2. ihre, ihren/ihrem; 3. seinen; 4. euren; 5. Ihren; 6. ihrem; 7. Ihren
Übung 13: 1. die Flucht, das Auto, das Fluchtauto; 2. der Körper, die Verletzung, die Körperverletzung; 3. das Auto, die Bahn, die Autobahn; 4. das Gas, das Pedal, das Gaspedal; 5. der Stock, das Werk, das Stockwerk